Boiando em Moçambique

RAFAEL MORALEZ

Equipe Balão Editorial
Flávia Cristina Yacubian
Guilherme Kroll Domingues
Natália Carrança Tudrey

Foto de capa Lucia Paulin
Revisão Bia Nunes de Sousa

Acompanhe-nos na web!
www.balaoeditorial.com.br
Twitter: @balaoeditorial
Facebook: www.facebook.com/balaoeditorial

Para falar com a gente:
balaoeditorial@balaoeditorial.com.br

CIP-BRASIL. CATALOGAÇÃO-NA-FONTE
SINDICATO NACIONAL DOS EDITORES DE LIVROS, RJ

M828b
Moralez, Rafael, 1973-
Boiando em Moçambique / Rafael Moralez. - São Paulo : Balão, 2011.
il.

ISBN 978-85-63223-04-3

1. Moralez, Rafael, 1973- - Viagens - Moçambique. 2. Moçambique - Descrições e viagens. 3. Moçambique - Usos e costumes. I. Título.

11-1115 CDD: 916.79
CDU: 913(679)

Boiando em Moçambique

RAFAEL MORALEZ

balão editorial

APRESENTAÇÃO

UM CARA DE MIL AMIGOS

O AUTOR QUE NÃO CABIA NO VASO

Muito tempo atrás, eu arrumei emprego em uma livraria. Poucos dias depois de eu ter sido contratada, um rapaz alto e magro, com costeletas à la Wolverine, começou a trabalhar lá também. Sotaque meio caipira, meio mano-urbano, umas tatuagens esquisitas: uma figura. Trabalhamos juntos durante pouco mais de dois anos, desencaixotando livros, fazendo contagens, atendendo clientes tão insólitos quanto o autor deste livro. Um dia, esse rapaz foi mandado embora. Poucos dias depois, eu também.

Antes de arrumar as coisas para uma viagem que faria de bicicleta pela Europa, o rapaz perguntou se eu poderia cuidar de um minicacto que não faria parte da bagagem. Aceitei de bom grado a incumbência e levei a planta para casa.

O cacto cresceu bastante e logo não cabia mais no microvaso de plástico em que viera. Troquei de vaso e ele continuou a crescer. Coloquei-o num cachepô de cerâmica e ele cresceu ainda mais. Replantei-o num vaso enorme de pedra e ali ele sossegou. Ou assim eu pensava.

Um dia, apareceu uma espécie de espiga no meio do cacto. Àquela altura, a planta já estava comigo há uns dois ou três anos e eu nunca tinha visto nada parecido. A espiga foi subindo, em riste, ficando bem mais alta que o resto das folhas, até que nela surgiu uma flor. Durou pouco tempo, mas foi uma das coisas mais extraordinárias que eu já vi. Nunca mais apareceu outra.

Rafael Moralez é bem parecido com o cacto que ele me deu de presente há alguns anos. Por trás da aparência meio espinhosa e arisca, é capaz de produzir belas flores. É um cara inteligente, perspicaz e sarcástico. Suas observações acerca do dia a dia moçambicano e dos costumes africanos são bastante realistas e, ainda bem, não se baseiam em comparações com o dito mundo desenvolvido.

No decorrer deste livro, a escrita oralizada dá a sensação de estarmos espiando o diário de alguém. Dado que se originou de um blog, é até natural. O que se destaca, porém, é a falta de afetação. Em nenhum momento, Rafael calculadamente ajusta seu estilo para se tornar mais descolado ou mais *cool*, mais comercial ou vendável. Ele não tem a pretensão de chocar usando palavrões cuidadosamente colocados em frases estratégicas para criar efeito. O que o leitor tem em mãos é o que é porque assim é o Rafael.

E para quem está se perguntando o que aconteceu com o cacto, é preciso dizer que ele, como Rafael, também já deu frutos. A planta original está sendo bem cuidada na casa da minha mãe; eu fiquei com as duas únicas mudas. Delas, assim como deste livro, tenho muito orgulho.

Bia Nunes de Sousa

Preparadora e revisora de textos, já traduziu livros infantis do francês, italiano e inglês. Formada em Direito e com especialização em Língua Portuguesa e Literatura, adora cactos porque sempre se esquece de regar as plantas.

Lembro a primeira vez que nos encontramos em São Paulo. Eu, esperando um ônibus na Avenida Paulista e ele, acenando de longe, com aquela cara feliz de quem vê gente conhecida na cidade grande. O encontro durou poucos segundos, o busão chegou junto com Moralez e, em Sum Paulo, se a gente perde um ônibus, sabe-se lá quando passará o próximo. Não lembro para onde fui, mas a minha pressa indicava que deveria estar indo atrás de alguma substância ilícita. Depois de um tempo, nos encontramos para algumas cervejas e fiquei sabendo que aquele cabeludo danado, que tocava bateria em bandas hardcores de Londrina, fazia mestrado em Epistemologia que depois fiquei sabendo, graças a um tal de A. C. Grayling, que achei no Google, tratar-se do "ramo da filosofia interessado na investigação da natureza, fontes e validade do conhecimento". Ora (adoro as expressões ora, não obstante e todavia. Acho que dá credibilidade para quem escreve), como em Londrina só nos encontrávamos em baladas etílicas e musicais, qual não foi a minha surpresa ao saber que aquele agitador cultural de outrora era um ser pensante, fazedor de mestrado e dono de um texto raro, pois foi mais ou menos nessa época que conheci o blog "Podre 300". Não se deixe levar pelo nome pouco atraente. Nesse espaço me deparei com os textos mais instigantes e inteligentes que eu havia lido em muito tempo e sempre fiz questão de deixar isso claro para ele.

O tempo passou e me tornei editor do site da saudosa revista *ELEELA*, que tanta alegria deu aos adolescentes do meu Brasil varonil e, mais que depressa, chamei o Rafa para fazer parte da equipe de blogueiros do endereço eletrônico do glorioso magazine de peladas. Infelizmente, o projeto não progrediu como imaginávamos, mas ficou uma amizade e um respeito mútuo que levou ao convite a este incauto para traçar essas mal traçadas. Sim, pois, para minha alegria, os textos do Moralez em seu blog, "Boiando em Moçambique", viraram livro, e como dizem os cariocas, demorô. Observador raro do cotidiano do ser humano, esteja ele em São Paulo, Moçambique ou Paris, os textos do Rafa têm o que qualquer pretendente a escritor busca: estilo. Escrever com técnica, muitos podem, mas com estilo são outros quinhentos.

Bruka Lopes

Foi repórter da editora Globo, editor do site da revista ELEELA *e vive correndo atrás de um estilo para seus textos.*

BOIANDO EM MOÇAMBIQUE:: DA IDEIA PARA A TELA & DA TELA PARA A PRENSA

Não tenho certeza se foi em um almoço na minha casa, quando em meio a uma degustação de destilados, um pouco antes de o Rafael embarcar para Moçambique, sugeri que ele escrevesse e ilustrasse um blog contando as aventuras em solo africano... ou se dei o palpite através desses sistemas de coversação em que você vê seu interlocutor em uma tela de computador... ou se mandei uma simples mensagem eletrônica... o importante é que o Rafael acreditou em suas ideias, teve coragem e criou o "Boiando em Moçambique"...

No blog, vemos a perplexidade do olhar de um sul-americano, mais precisamente do interior paulista, ante a barbárie africana, em um choque de realidades onde abismos de diferenças são unidos pela ponte da lingua portuguesa em uma mistura de árvores secas, bananas, mamões, mexericas e melões, crianças ao redor, choupanas, palmeiras, mulheres equilibrando trouxas na cabeça, mercadinhos precários, peixes secos expostos à venda no chão sob o sol tropical, cervejas, sorrisos, imóveis abandonados, cachorros, barraquinhas servindo pés de frango fritos, finais de tarde, mar e praia, instrumentos musicais, botequins, mais crianças, bicicletas, feiras livres, penteados esquisitos, açougue a céu aberto, moscas, mesquitas, mais imóveis abandonados (só que em arquitetura modernista), hipopótamos, lagartos, cabritos, mais bicicletas (só que agora transportando as mais diversas coisas e animais), mais crianças ainda, cultos religiosos, leões, elefantes, girafas, zebras, danças exóticas, mais praias (só que o mar é mais azul), árvores enormes ... uma infinidade de árvores enormes e ressecadas... tudo isso em meio a desenhos, cartuns coloridos (ou não) e a uma crônica contundente (porém bem-humorada) e muito humana sobre a realidade africana.

Hoje o "Boiando em Moçambique" está publicado em livro... genial a ideia! Somente uma grande editora (e olha que de editora eu entendo um pouco) para propor tal coisa: a internet se transformando em livro!!! Em vez do conceito equivocado e banalizado de que a tecnologia vai acabar com o livro, temos o contrário: o conteúdo etéreo da web se materializando em um livro impresso, ou seja, um livro de verdade... tomara que a moda pegue!

José Geraldo de Barros Martins

Arquiteto, pintor e escritor, desde 2001 publica seus desenhos e escritos no blog www.zegeraldo.lugaralgum.com e na revista eletrônica http://tuda-papeleletronico.blogspot.com

Em uma fria e quieta madrugada, já lá vão alguns pares de anos, um anjo torto baixou sobre uma certa cidade do interior de São Paulo e silenciosa e sutilmente como é próprio de personagens angelicais, abeirou-se do berço onde dormitava um menininho recém-nascido e murmurou ao seu ouvido:

- Vai, Rafinha, vai ser curioso pela vida afora.

(Observação necessária antes que se levantem acusações de plágio ou coisas do gênero: os personagens, a frase e o contexto do que acima ficou relatado devem ser vistos como uma atrevida, porém sincera, homenagem ao mestre Drummond de Andrade.)

E aconteceu que, conforme vaticinado pelo tal anjo torto, o Rafael cresceu e tornou-se um moço muito curioso. No começo, queria saber o que havia do outro lado da sala, depois, do outro lado da rua, mais tarde, do outro lado da cidade, do rio, do mar, do mundo e, em especial, de montanhas, serras e cordilheiras. Junto com essa curiosidade geográfica, manifestou-se também e com igual força um acentuado interesse, ou, se preferirem, curiosidade, em torno de livros, especialmente daqueles mais massudos e circunspectos que falam de coisas sérias a respeito de pensares e filosofias acerca da vida, suas implicações, complicações e explicações. Esses gostares acabaram por fazer do Rafael um estudioso de temáticas envolvendo a obra de grandes pensadores e, ao mesmo tempo e com igual dedicação, um viajante com idas e vindas para lugares distantes, incluindo tanto cidades e paisagens finamente civilizadas como paragens e situações não exatamente das mais acolhedoras. Quase sempre pilotando sua fiel bicicleta, companheira inseparável de boa parte dessas andanças por ruas, estradas, caminhos e trilhas através de cidades, campos, planícies, planaltos, savanas, desertos, montes, montanhas, serras e cordilheiras (especialmente cordilheiras) por esse mundão afora. Sempre buscando saber o que há "do outro lado".

E como Moçambique é um país localizado mais ou menos do outro lado do mundo, talvez por acaso ou, quem sabe, de caso pensado, foi pra lá que o Rafael rumou em meados de 2009, com alguma bagagem e armado da sua habitual curiosidade. Dessa vez a bicicleta não o acompanhou. Foi providenciada, no devido tempo, uma substituta temporária no mercado local.

Foi por lá, em terras d'África, que veio à luz o blog "Boiando em Moçambique", um relato do dia a dia vivido pelo Rafa em Moçambique e adjacências nos seis meses em que lá ficou. E foi justamente a partir desse relato que nos resultou o livro que agora chega às mãos do amável leitor e da gentil leitora. Como não é do seu modo de ser, não esperem do autor posturas do gênero "lições de vida", "mensagens edificantes" ou coisas assemelhadas. Dotado, isto sim, de um fino e por vezes cáustico senso de humor, Rafael busca retratar incidentes, pessoas, situações, fatos e paisagens para ele (e para nós) estranhos e inusitados, sempre de maneira generosamente humana e divertida. E, em muitas ocasiões, também com palavras que nos comovem, embora ele, o autor, se esforce em mostrar-se não mais que objetivo.

O cenário descrito é, à primeira vista, quase familiar, tantas são as similitudes que em muitos pontos nos unem à gente e à paisagem africanas.

Contudo, a realidade não é bem essa e é o que Rafael se encarrega de mostrar com sua prosa que, embora leve e aparentemente descompromissada, captura de pronto nossa atenção levando-nos a conhecer tipos, caminhos e paisagens os mais curiosos e surpreendentes. Além, é claro, dos animais selvagens de todos temperamentos e tamanhos. Afinal, estamos falando da África. Tudo isso atiça, como é natural, nossa curiosidade menineira - que todos a temos - e nosso interesse em torno desse "outro lado do mundo" que é Moçambique. O que se espera agora é que o autor nos brinde com outras obras falando de outros lugares e outros caminhos por onde andou. Assunto é o que não lhe falta.

José Moralez

Militou por décadas na imprensa interiorana (SP), ao mesmo tempo em que se dedicava a atividades empresariais voltadas para o ramo agrícola. Atualmente cuida de orquídeas, samambaias e netos e, no tempo que sobra, a muitas leituras e releituras e a ouvir Duke Ellington e associados, MPB da velha-guarda e, como ninguém é perfeito, tangos também de la guarda vieja.

666

"O número da besta", já lembrava Bruce Dickinson no seu disco de estreia com o Iron Maiden, uma das bandas responsáveis por transformarem o ocultismo sinistro dos anos 70 (Aleister Crowley, Led Zeppelin, Black Sabbath) em uma Disneylândia adolescente dos 1980 (ciceroneada pelo boneco Eddie, um cruzamento entre o Pateta, o Mumm-Ra e o crack). A numerologia cabalística por trás desse número é interessante: no judaísmo (e, portanto, no cristianismo), o 6 é o número da imperfeição, da enganação, da mentira, do lobo em pele de cordeiro. Vil e traiçoeiro, tenta se fazer passar pelo 7, sinônimo de perfeição, verdade, clareza. Representa, portanto, o Diabo, que finge ser Deus para garfar o trono dele aqui na Terra (alguns diriam que o Tinhoso ganhou essa por W.O., mas isso não é assunto pra agora). Três números 6 juntos representam a Trindade das Trevas, cópia pirata da Santíssima Trindade.

O fato de o 666 ter ficado infinitamente mais famoso do que o 777, seu original com selo de qualidade, a meu ver só demonstra que o ser humano tem uma atração irresistível pelo errado, pelo torto, pelos 3 DVDs por R$ 10 do Centrão em vez da caixa original de R$ 100 da Fnac. E isso, ao contrário do que a religião e a lei pregam, nem sempre é ruim. Na verdade, é fundamental: sem a atração humana pelo errado, por exemplo, o máximo de música que eu e você conheceríamos hoje seria o canto gregoriano, entoado por monges que fariam o Padre Marcelo Rossi parecer o Mr. Catra. Na verdade, nós *precisamos* do feio tanto quanto do belo - até pra saber diferenciar um do outro -, mas muitas vezes nos esquecemos disso e tendemos a virar moralistas babacas, otimistas babacas da autoajuda ou simplesmente babacas que se deixaram levar pela vida séria depois dos 30 e esqueceram que um dia já fizeram algo legal na vida. Não estou criticando ninguém, eu também corro esse perigo. E é por essas e outras que é fundamental existir um cara como o Rafael.

Eu nem me lembro como e quando conheci ele, mas foi na época em que fazia faculdade em Londrina e tentava ter uma banda de rock, lá por 1998/9. Ele também tocava e a gente logo viu que tinha um senso de humor debiloide parecido e nada requintado, curtido nos "Especiais Ota" da *MAD* brasileira dos anos 80. Quando me dei conta, ele já estava me emprestando pratos pra tocar (ambos tocamos bateria, mas eu, naturalmente, sou muito melhor) e em seguida eu já estava devendo um prato novo pra ele, que provavelmente não paguei porque eu nunca tinha um puto. Mais do que um cara que me emprestava coisas e ria das minhas piadas, algo que por si só já faria dele uma pessoa única no mundo, o Rafael fazia ainda outra coisa que eu curtia pra caralho: um zine completamente doente chamado *Produto do Ócio*. Poucas vezes me deparei com um trabalho mais tosco, sem qualquer pretensão artística e gratuito em toda minha vida. Além dessas três qualidades, o *Produto do Ócio* tinha outra: era um trem desgovernado, que atropelava qualquer um que encontrasse pela frente. TODO mundo, sem exceção. O Rafael ridicularizou seriamente todos os nossos amigos, eu incluído, seja no aspecto pessoal, seja nas pretensões artísticas. E nem sempre esses amigos entenderam a piada, mas quem se importa? Contanto que o Rafael siga evitando a cidade, tudo deve terminar bem. Interpretações e picuinhas à parte, o fato é que ele *amava* aquela cena e produziu os textos e cartuns mais ácidos, contundentes e estimulantes a respeito dela. Mais do que isso, ele viu uma cena onde pouca gente via, o que culminou em uma coletânea com essas bandas, com o singelo nome *Boiando no Igapó* (inspirado no lago-símbolo da cidade). A *Boiando no Igapó* é até hoje um registro único de tempos memoráveis e loucos. É um dos discos mais importantes que eu tenho, e deve significar o mesmo para as oito pessoas que ainda têm uma cópia.

Como virtualmente tudo de bom na vida, aquela época acabou – o que é ótimo, porque a gente pode olhar pra trás e supervalorizar tudo, como estou fazendo agora, algo impossível se continuássemos presos àquele estilo de vida, sendo forçados a odiá-lo com todas as forças. Nós saímos de Londrina e acabamos nos trombando em São Paulo, ainda que com menos frequência (ao contrário do que acontece com "colônias" de outras cidades, São Paulo exerce um efeito dispersivo implacável entre os londrinenses que vêm morar aqui). Mas, nesse tempo todo, o Rafael seguiu dando um jeito de fazer o que ele sabe fazer de melhor: prover essa fonte aparentemente inesgotável de feiúra, de erro, de imperfeição. Algo que a bichinha do Bruce Dickinson, dentro de suas calças apertadas de esgrimista e do alto dos seus agudos tremulantes, nunca conseguiu fazer, por mais que bradasse em nome do número da besta. Foi sem dúvida esse talento inato para o torto que levou o Rafael a Moçambique, de onde, durante seis meses no ano de 2009, ele tocou o blog "Boiando em Moçambique", que dá nome a este livro. É claro que a grana de um trampo que ele arrumou por lá também veio a calhar, mas isso só reforça o meu argumento: quem em sã consciência vai a Moçambique, um dos países mais pobres do mundo, por causa de uns trocados?

Logo que o Rafael contou que estava indo pra lá, pareceu extremamente atraente a ideia de conhecermos mais sobre um país com quem dividimos um idioma, mas que mesmo assim ignoramos quase completamente, por meio de um olhar tão peculiar. Não sei se foi ele quem teve a ideia ou se fui eu quem sugeri, mas era óbvio: o Rafael tinha que ter um blog dessa viagem. Abri um pra ele ("Mateus, você entende melhor dessa merda que eu. Abre um blog pra mim.") e o nome não podia ser outro. Com a diferença que, dessa vez, em vez de um disco flutuando a esmo em um lago sujo, seria ele próprio a boiar. E ele se entregou ao país sem ideias preconcebidas ou expectativas e produziu relatos carregados do seu humor cáustico, mas sem o cinismo mauricinho de um CQC da vida. Os posts do Rafael - que ele fez quase diariamente - eram dosados por um realismo papo-reto, com aquela capacidade humana admirável de expor mazelas sem ser indulgente, de fazer piada sem se julgar superior, de expor o choque antropológico sem ser panfletário - ou, como ele talvez preferisse, do alto de seu mestrado em filosofia, sem ser rousseauniano. Um dos primeiros posts do blog dizia: "Coloquei para mim mesmo algumas diretrizes [...]. Uma delas era a de não cair no lenga-lenga de ficar falando mal de Moçambique, depreciando um país que tem muitos e graves problemas. [...] Então quando fico meio de bode desse lugar não escrevo nada. Acho melhor assim". Misturar coisas dessa forma e seguir sendo engraçado e simples é algo que eu invejo. E ainda tem as fotos - dezenas delas, das situações mais diversas: o cara andando de moto com uma cabra nas costas, o açougue ao ar livre, as crianças na rua, um trio de jazz com instrumentos feitos pelos músicos, as mulheres fortes, sofridas, que carregam as famílias nas costas (às vezes literalmente), mas sem perder a elegância de seus vestidos multicoloridos. E as legendas sempre são uma atração à parte.

O que este livro apresenta é talvez o ponto mais alto do Rafael em termos de criação até agora. Um daqueles feitos que só se consegue com uma boa dose de acaso (o mesmo que me fez bater o dedo no teclado e digitar "666" sem querer no começo deste texto) e uma disposição, maturada por anos de prática, para observar o que via de regra desprezamos, ignoramos ou que não parece nos dizer respeito. E, no final, somos sempre surpreendidos porque tudo nos diz respeito. O Rafael Moralez é assim, uma besta sempre surpreendente. E isso, como amigo, leitor e fã que sou, não tem preço.

Mateus Potumati

Editor da revista de artes e música +Soma. *Achou uma puta viadagem quando o Rafael trocou o nome do zine de* Produto do ÓCIO *para* Produto do ÖCIO.

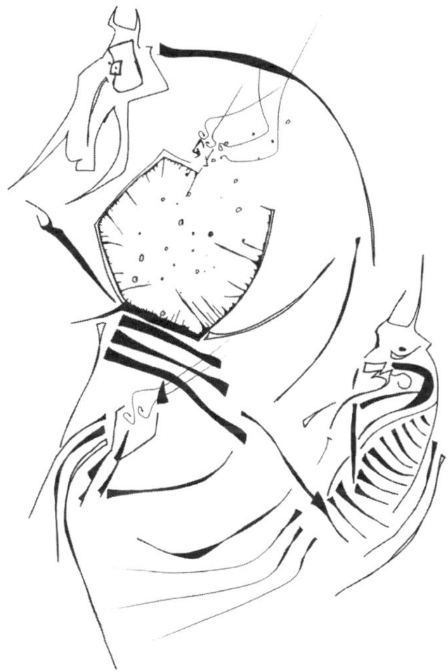

PRÓLOGO

Começar a escrever é como abrir uma lata de sardinha, depende só de você!

A verdade é que nem gosto de blog! Sempre achei essa história de blog coisa do tipo "meu querido diário", ou aquela coisa de vou colocar aqui quem eu quero ser e não quem realmente sou... id, ego e superego, sabe como é?

Mas no lugar de mandar vários e-mails diferentes para minha família e amigos, incentivaram-me a fazer um blog, então, eu fiz! E não é que foi legal pacas essa coisa de escrever contando as coisas de lá para as pessoas daqui! Vamolá... vou contar um pouco de como isso tudo começou.

Eu estava bem tranquilo morando em São Paulo – Capetal, fazendo mestrado, tocando bateria nas horas vagas, várias brejas com a rapaziada da considerada e ia tocando o que devia ser tocado. De vez em quando tocava naquilo que não devia ser tocado também. Até aí normals, certo?

Fato é que de repente, e não mais que de repente, surge um convite para ir pra Moçambique fazer sei lá o quê! Aceitei na hora, nem queria saber de condições ou letras miúdas. (Na verdade, prestei atenção a tudo isso, mas é para dar um ar de desapego dizer que nem liga para o lado material da coisa! Assim tudo fica com um ar de aventura, *wild*, um ser solto no mundo.) Fisicamente eu não tinha a mínima condição de ir pra África, estava me recuperando de uma crise do nervo ciático que me deixou de cama uns dois meses – não podia ir. Mas deu um comichão de sair pro mundo e lá fui eu. Intensifiquei minhas sessões de acupuntura com um chinês de São Paulo e fui pra lá meio manquitola, só 70% bom, ainda precisava de uns cuidados médicos que pelo que me falaram, e eu imaginava, lá não ia ter. Mas não podia perder essa oportunidade. E fui cheio de boas intenções, com uma grana no bolso e um notebook pra terminar o texto do meu mestrado lá na África. (HÁ, tão tá! Piada das grandes essa de terminar o texto lá na África!)

Saí do Brasil no começo de agosto e tive uma experiência muito interessante, em que aprendi um bocado de coisas novas, inclusive largar mão de ser besta e reclamar da minha vida, do que posso fazer, das minhas possibilidades e limitações, de meu horizonte, de quem sou e quem quero ser, de tudo aquilo que conquistei e fiz, de todos os lugares por onde já tive oportunidade de ir e de todo o universo material à minha volta. Na verdade, parece que você toma uma pancada na cabeça e começa a perceber que essa vidinha aqui é muito pouco e que o legal mesmo está bem longe desse tipo de conquistas como o carro de $$$$, os dentes mais brancos, o título acadêmico mais fodão, a casa mais moderna ou mesmo sair na capa da *Caras*, que é uma coisa que eu ainda vou fazer, não sei como, mas vai acontecer, podiscrê!

Tentei relatar da melhor forma possível... quer dizer, da única maneira que consegui, o que rolou nesses cinco meses e tantos dias. O olhar de um turista é muito invasivo, penso eu. Acredito que a partir do momento em que você reside e tem uma relação de trabalho com o lugar, a perspectiva muda um pouco. Não totalmente, mas pode te ensinar coisas verdadeiramente interessantes.

Agora vou comer um doce ali, já volto!

MAPUTO, É NÓIS!

16 DE AGOSTO DE 2009, 17:19

Já encontro-me em Maputo, capetal do Moçambique. O tecrado e deferente entonces esse texto vai sem acentos ate eu descobrir onde eles ficam.

Aqui eu me sinto aqueles gringos cor de papel sulfite que a gente ve na Praça da Republica andando de boca aberta olhando pra cima. So tem pretos, e raro ver um branco e quando vejo ele esta dentro de uma Mercedes ou algo assim.

O Oceano Indico e parecido com o Atlantico, um monte de agua. Vou dormir que estou zumbi de sono, depois mando as novas do mundinho africaner.

Fiz uma poesia no voo:

Uns nasceram pra brilhar no mundinho
Outros nasceram pra correr o mundao
Eles passarao eu passarinho
Disse assim o poeta cuzao.

Abreize

CORRIDA DE KART

17 DE AGOSTO DE 2009, 17:34

Sexta-feira aqui é chamada de Dia do Homem. No começo pensei ser alguma coisa de igreja ou algo assim. Mas não! O Dia do Homem consiste na liberdade de o sujeito sair na sexta, beber pacas, fazer o que quiser e voltar para casa sem dar satisfações a ninguém, é o dia da farra, dia em que eles voltam a ser solteiros. Tive a lúdica oportunidade de participar de tal festejo, que acontece todas as sextas-feiras. Não é nada demais. Consiste em uma bebedeira grande, o único diferencial é que as mulheres não reclamam depois. Como minha cônjuge está no Brasil, então não corria esse risco. Agora sim, pois cometo o deslize de escrever e mandar com cópia para ela. Prova de que não fiz nada de errado.

As mulheres aqui não tem vez em nada, na maior parte dos casos elas não participam de nenhuma tomada de decisão, o único direito delas é trabalhar nas *machambas* (que é a roça local para subsistência), cortar e carregar a lenha na cabeça, cuidar dos filhos e arrumar o que comer. O homem bebe e fica andando de lá pra cá de bicicleta. Mais ou menos assim, estou dando aquela generalizada, certo? Há exceções!

Abridor de garrafas aqui chama abre-garrafas, não adiantou eu argumentar que chama "abridor" apenas, pois eles dizem que abridor é algo que abre tudo, e aquele objeto abre apenas garrafas. Faz sentido. Então cheguei à conclusão que no Brasil muitas vezes o abridor de latas, que tem abridor de garrafas junto no mesmo objeto, é chamado de abridor. Contei isso a alguns brothers locais, mas não mudou a vida de muita gente aqui, eles entenderam, mas fizeram cara de "e daí?". Aliás, o raciocínio do moçambicano é igual ao do português: lógico, mecânico, engessado. Eles assistem ao mesmo filme duas vezes seguidas e se interessam por ele da mesma forma, como se estivessem vendo pela primeira vez, olhos fixos na TV, não percebem mais nada do que acontece em volta, hipnotismo total. Bom... até aí eu conheço várias pessoas no Brasil que fazem bem pior que isso!

Pedi ao cozinheiro do hotel que ele fizesse purê de batatas, o diálogo aconteceu da seguinte forma:

– Boa noite, você sabe fazer purê de batatas?

– Sim, sei.

– Então gostaria que hoje no jantar você fizesse purê de batatas com frango, ok?

(Neste momento vejo sobre a bancada da cozinha uma pilha de batatas cortadas em formato de fritas.)

– Não é possível, estão cortadas para fritar.

(Detalhe que tem dois hóspedes no hotel e o restaurante funciona para atender esses dois hóspedes, sendo que um deles sou eu.)

– Mas... basta pegar a quantidade de batatas que você ia fritar para o meu prato, cozinhar na água e amassar!? Certo!?

– Não é possível, estão cortadas para fritar.

– Mas dá na mesma!!!! Não importa o formato, para purê vai amassar depois, então pode ser feito purê de batatas mesmo com elas cortadas no formato para fritar, certo!?

– Não é possível, estão cortadas para fritar.

– ...

– ... (Silêncio em que o cozinheiro olha para mim sem mover um músculo da face.)

– Ok, você venceu, batata frita!

O pior é que isso é corriqueiro, em todas as situações eles agem assim. Tem um caso que não presenciei, mas me contaram, de um cidadão que aqui trabalha. Ele acenou com um cigarro na mão para a copeira aqui do escritório e disse: “Sra. Fulana-de-tal, traz uma caixa de fósforos, por favor!”. Ela prontamente entrega a ele uma caixa de fósforos vazia. Ele diz mostrando o cigarro: “Mas está vazia essa caixa!!”. Ela responde: “Mas você pediu a caixa, eu tirei os fósforos de dentro!”.

Tem um caminhão de situações, mas, por hoje, chega!

Tá, só mais uma: hoje no cardápio tinha arroz, feijão, bode ensopado e camarão frito. Sensacional! Coloquei tudo no mesmo prato e mandei ver. Vai saber quando teria oportunidade de comer bode com camarão de novo!

E tava bom pacas os dois!

Abreize!

Ao som de Darkthrone – *The Cult Is Alive*

ORIENTADOR

18 DE AGOSTO DE 2009, 13:23

Acabei de descobrir que não estou em Moatize, mas sim em Tete. Moatize é do outro lado do rio. Fui comprar água e umas *beers* em uma birosca que se chama Fofinha, nada mais que um buraco numa parede suja e malcheirosa onde uns vinte moçambicanos ficam bebendo do lado de fora numa rua poeirenta com asfalto. Mas muita terra sobre o asfalto! É como se fosse um sanduíche de terra com recheio de asfalto. Comprei e saí, eles ficaram falando da negra que tenho tatuado na perna, fiz de conta que não entendi, se eu arrumasse uma confusão ali teria sérios problemas. Ou não, por que iria arrumar confusão, certo!?

Esse cara de camisa discreta sou eu chegando na Fofinha, *a place to be*!

Mas um brasileiro que aqui mora contou que lincharam um cara ontem na frente da casa dele. Disse que um cara tentou roubar a moto de uma mulher, e os caras da rua bateram nele até a morte. O Estado não existe muito por aqui, eles resolvem na mão mesmo. Fiquei muito mais cuidadoso depois dessa, acho que não vou invadir nenhuma casa como o pretendido.

Não tem nada aqui, umas duas vendinhas e tudo bem sujo. Moro num hotel que não lembro o nome, mas tem uma infra legal, os militares batem continência para mim, respondo com um positivo e às vezes com um sinal de metal (indicador e mindinho) dizendo YEAH! Eles levam a sério e mantêm a continência.

Ando tranquilo pelas ruas. Elas têm uma dinâmica diferente e até fica parecendo que pode acontecer algo muito surreal contigo a qualquer momento, mas acho que não é bem verdade. Todos estão vivendo sua vida e correndo atrás de seu viver. Ainda conheço muito pouco disso tudo, mas duvido que exista uma facção que sequestre branquelos aguados como eu e faça cinzeiro da minha mão! Coisas de filme, aqui tá tudo na paz!

Aliás... o olhar do negro moçambicano é um misto de que-porra-você-tá-fazendo-aqui com você-é-branco-tem-mais-dinheiro-que-eu-então-me-ajuda, um misto de desprezo e submissão, ainda vou pensar isso melhor. Por exemplo, educadamente dei passagem na rua a uma mulher e ela se recusou a passar antes de mim, insisti e ela baixou a cabeça e ficou imóvel. Outra situação: cumprimentei com aperto de mão e olhar nos olhos, agradecendo os caras que carregaram minha mochila no hotel e no aeroporto de Maputo, eles me olharam de volta com espanto, tipo, que-cê-tá-fazendo, depois, meio segundo depois, um largo sorriso e algo como reconhecimento estampado na cara. Não sei, me sinto um aproveitador, preciso pensar isso melhor.

Conheci um cachorro, me disseram que ele era agressivo e arredio, fui chegando e brinquei com ele um tempão, a galera da rua ficou de cara, um *dog* bonito, de rua, vou tirar uma foto, acho que faltava carinho pra ele, não lembro o nome dele. Vou voltar lá.

Vou dormir!

Falous

Ao som de Stray Cats – *Built For Speed*

SUVACO!

18 DE AGOSTO DE 2009, 15:32

Aqui no escritório as lâmpadas ficam acesas o dia inteiro. Tem janelas grandes e um sol de rachar lá fora, mas mesmo assim ficam acesas. Como tenho uma espécie de TOC em relação à lâmpada acesa e torneira aberta, sempre apago a luz aqui. Tem uma em especial, que fica no corredor, que eu sempre apago, e tem um sujeitinho que acende de novo. Ontem ele acendeu, e eu apaguei, isso aconteceu umas três vezes durante o dia. Entre idas e vindas da cozinha e do banheiro, apagava a luz. Na última ocasião em que ele acendeu a luz, esperei um pouco, quando levantei e estava com o dedo no interruptor pra apagar ele saiu da sala e me viu, apaguei do mesmo jeito. Como todo africano ele não moveu um músculo da face, mas devia estar pensando alguma coisa por dentro que não tenho o mínimo interesse em saber.

Aliás, eles deixam tudo aceso, aberto e ligado, a torneira da cozinha fica aberta também, a água indo ralo abaixo e todo mundo conversando e dando risada. É bonito de se ver. Daí você diz: "Pode fechar a torneira?", e elas respondem, "Estou a usar, ô pá!", com o sotaque lusitano.

Na frente do escritório tem um bairro bem popular. No Brasil, seria chamado de favela, mas para os padrões locais de assentamento urbano é um bairro comum, não dividido em ruas, mas sim com vielas tortuosas que ainda não percorri, e pelo jeito uma hora vou ter que me meter lá no meio. Eles gostam muito de assistir filmes. Tem uma espécie de cineminha, composto por um aparelho de TV e um DVD, em que pequenos grupos ficam a ver filmes o dia todo. Ah... são uns playboys esses africanos, *bons vivants*, curtem a vida, o dia e o jeito quente que o continente aplica sobre o ser.

O detalhe é que daqui onde estou não consigo ver a TV, porque está lá no meio do tortuoso-bairro-que-vou-ter-que-visitar-pelo-jeito, mas o sistema de som dos filmes é dividido com todos através de um potente, e de baixa qualidade, alto-falante. Então passamos o dia a escutar filmes aqui no escriptorium. Às vezes rola uns de terror e dá pra saber os picos de tensão típicos do cinema norte-americano. Semana passada rolou um em que tocava uma música que se parecia com aquela "... Chorando se foi, Quem um dia só me fez chorar...", sabe? Lambada, lembra? Anos 80, época *gold*, RPM, inflação, a bomba atômica no *Fantástico* domingo à noite... Ô, decadazinha sem-vergonha!

Mas eles gostam mesmo é das comédias românticas... Ah, o viver africâner!! Na verdade, eu não sei que filme eles assistem. Mas sei bem o que eles estudam, o que ando lendo de relatório de ensino do governo do Moçambique não tá no gibi!

As mulheres se vestem com uns panos coloridos enrolados na cintura por cima da saia, no tronco, e carregam os filhos de um jeito muito legal, chamam *kapulana*, muito bonito.

Como nem sempre a água está gelada coloco uma bala tipo Halls extraforte na boca, que na verdade chama Fisherman's Friend Super Strong Mint, e tomo água na sequencia, assim parece que tá geladinha. Comprei um pacote grande delas, tinha nada pra fazer quando passei pelo aeroporto de Johanesburgo, uns dólares marcando bobeira na carteira... Gastei tudo em bala!

Amanhã vou a uma feira popular. E pergunto: tem alguma coisa aqui que não seja popular?

Aqui não se usa muito desodorante não, uma parcela do povo tem uma catinga desgracenta, e para eles tá tudo ok. O garçom que traz a sua comida, segurando o prato com o dedo em cima do bife também tem futum suvacal. Você sente a uns três metros de distância. É sério! Amigo meu que morava no outro hotel da cidade disse que uma vez pediu uma toalha pra camareira e ela trouxe debaixo do braço. Impossível usar, pediu pra trocar, e ela veio de novo com a toalha debaixo do braço. Ele pediu pra trocar pela terceira vez e disse bem claro: carregue com as mãos, não coloque debaixo do braço. Parece brincadeira, mas não é. Impossível usar a toalha, bote fé. Parece que o povo acorda cedo, procura um gambá e passa no sovaco. E isso também não é implicância de brasileiro frescurento, não... tem que presenciar o odor, viver a experiência para saber o poder do suvaco alheio!

Vou comer, tô com fome!

Ao som de The B-52s – *Wild Planet*

Difícil verificar quem está mais feliz por tirar foto...

As brincadeiras mudam pela necessidade

No meio de um lugar vazio encontro essas duas figurinhas!

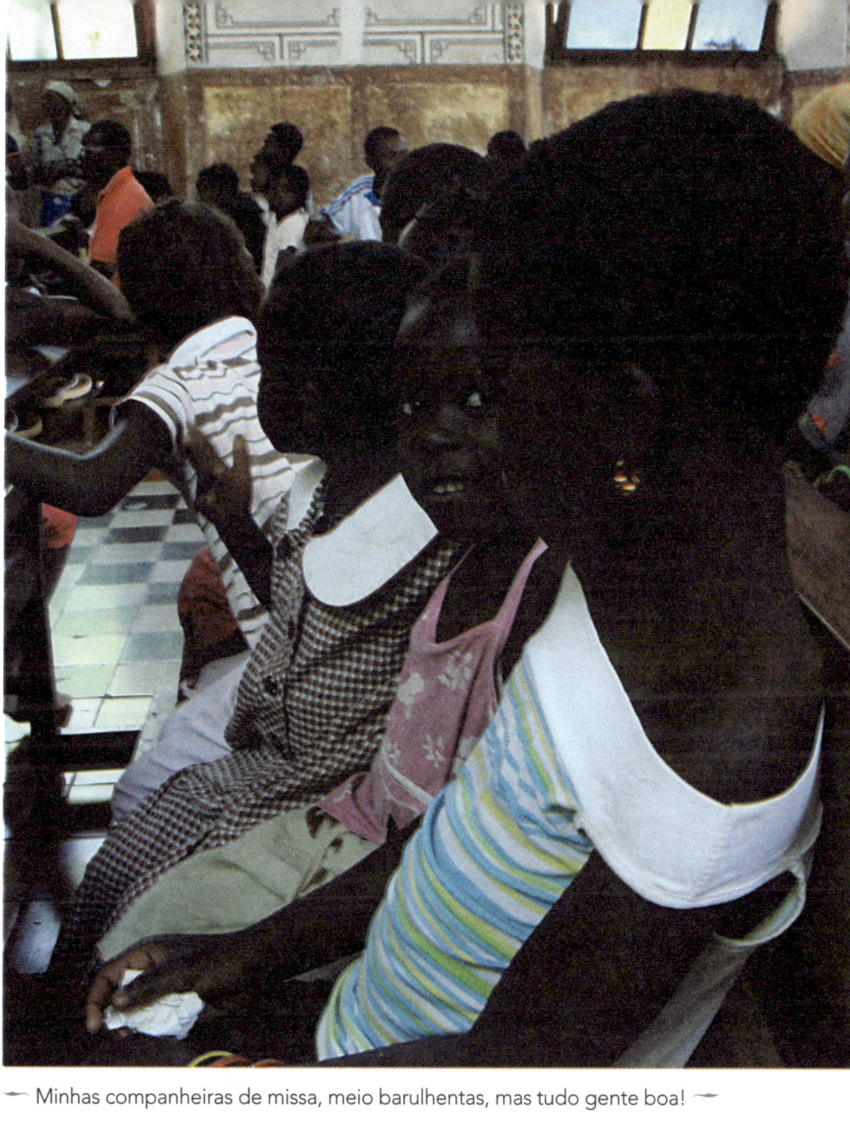

Minhas companheiras de missa, meio barulhentas, mas tudo gente boa!

A galera curte uma foto! E eu também!

Toda rosa, a sede do Frelimo reflete o carinho e o diálogo aberto às mulheres e aos adversários

E os portuga, espertões que eram, construíram casas, um cinema e um clube

Clube largadão, devia ser legal funcionando! O cinema virou igreja e o clube virou nada

Se prestarem atenção na foto, tem um ser saindo de dentro do tronco, sou eu. Essa árvore é uma caverna, dentro funcionava uma cozinha, é grande, deve ter um pouco mais de três metros de uma parede a outra

Embondeiros: essas árvores são lindas, grandes... não conseguia parar de olhar!

DIA NORMAL

19 DE AGOSTO DE 2009, 12:08

Ontem, voltando do trabalho a pé, por volta das sete da noite – escuro pra burro, porque tem uma lâmpada de trinta velas a cada quatrocentos metros e todo mundo é negão, então não consigo ver ninguém, e eu lá no meio parecendo um marca-texto amarelo, mó bandeira –, fui comprar umas bananas numa banca que nem sei por que parei ali, era o pior lugar para comprar banana, todas as outras bancas tinham frutas melhores, mas comprei mesmo assim, fiquei com vergonha de ir embora. Caipirice minha mesmo.

Depois fui numa vendinha dum indiano e só tinha uns queijos pouco bonitos lá. Comprei mesmo assim porque estava com vontade de pão com queijo, aproveitei e tomei um refrigerante local chamado Sobo e que tem o delicioso gosto de corante amarelo. Depois fui na mesquita, mas não me deixaram entrar. Insisti, mas de nada adiantou, disse que precisava "ver-lá-dentro" pois iria embora do país amanhã, eles disseram que tudo bem, desejaram boa viagem e fecharam o portão. Amanhã volto lá e digo que meu voo atrasou, e que agora é sério mesmo, preciso entrar pra rezar ou vou me foder com Alá.

Antes de ir pro hotel, que chama Smart Náira – um hotel de uma estrela com serviço de cinco estrelas, como está escrito na placa da porta –, voltei da mesquita para o indiano porque tinha esquecido de comprar água, comprei quatro garrafas e ele não tinha troco, deu em chiclete (artimanha universal essa de dar bala e chiclete no lugar do troco), devolvi o chiclete e disse que queria meu dinheiro mesmo. Ele disse de novo que não tinha, então devolvi as águas e fui comprar em outra venda, que descobri que fecha cedo. Voltei ao indiano e peguei as águas e as balas de troco. Desgraça!

Aqui tomo água pra caramba, e há entre os gringos a paranoia de que tem que ser mineral de garrafinha, então até nos banheiros para escovar os dentes o pessoal usa água mineral, eu uso da torneira mesmo. Desconfio que tem gente que até lava a mão, e outras partes pudicas do *body*, com água de garrafinha. Bom, aí é pobrema deles! Mas é necessário beber muita água, o clima é quente e muito seco e ficar doente aqui não é uma boa estratégia, então manter-se hidratado é legal. O que ocorre é que todo mundo, branco, anda o tempo todo com uma garrafinha de água na mão, pra cima e pra baixo, então parece que você está numa *rave*, só falta o *trance-jungle-beat-disco-mega-mix-dildo-turbo-5000*, daí os branquelo ia delirar.

Ao som de Reverend Horton Heat – *Liquor in the Front*

COMPREI UMA BIKE

20 DE AGOSTO DE 2009, 11:33

Acabo de completar minha cesta básica. Tenho uma bike local e um bom azeite de oliva.

OFICINAS

22 DE AGOSTO DE 2009, 7:06

Fui adquirir uma bicicleta dias atrás. Antes de mais nada fiz uma longa pesquisa entre as duas marcas locais, que, por sinal, fazem o mesmo modelo. Então, como a pesquisa não rendeu muitos frutos, escolhi a da marca Hunter, fazendo assim justiça ao espírito de gringo-na-África.

Faltou dizer que as marcas são locais da China, como em todo lugar do mundo aqui os chineses estão a invadir, ora pois! Eles vendem tudo quanto é badulaque pros moçambicanos, que, desprovidos de tudo quanto é bem material, compram na medida do possível.

Mas voltando à bike, numa dessas pesquisas fui conversar com um cidadão que, sentado no chão no fundo de uma loja, montava as bicicletas. O lugar era imundo e no lugar de chaves e ferramentas diversas ele fazia tudo com "um" alicate. No momento da conversa ele montava os raios do aro, e percebi que conforme ele falava alguma coisa reluzia dentro da boca, pensei ser um aparelho de ortodontia, mas logo descartei, pois o cara nem dentes tinha. Cheguei mais perto, ajoelhei e fiquei conversando meio que lado a lado, fiz outra pergunta, quando ele falou percebi que todas as porcas e arruelas do aro estavam dentro de sua boca, ele colocava ali para ser mais fácil tirar e colocar na montagem, podendo assim utilizar as duas mãos para executar a ação.

Observei que ele separava na boca a porca e a arruela, intercalando e otimizando a linha de montagem, que se resumia a ele mesmo. Uma hora saía da boca uma arruela, que era colocada em seu lugar, depois vinha uma porca, que sempre traz consigo um pouco mais de baba, dá-se um apertãozinho e vamos para o outro raio. Terminada uma roda, ele não titubeou e pegou um montinho de porcas e arruelas que estavam no chão, cheio de óleo e areia, deu umas batidinhas pra tirar o grosso e colocou tudo na boca, iniciando assim a montagem de outra roda. Oficina moderna. No pneu da minha bicicleta tem um pouco de baba africana, nada mais colonizador ou estrangeiro dominante que isso. Aaaaahhhhhhhh!

Descobri que existe também o Dia da Mulher, que é 7 de abril, devia ser primeiro de abril, maior mentira. Elas sofrem o ano inteiro e ficam com um dia só para elas. No Dia da Mulher elas podem sair à tarde e beber, mas depois tem que prestar satisfação aos maridos, e quando anoitece voltam pra casa. Tudo mentira que é dia delas.

Conheci um cidadão que se chama Verniz Manjericão - você pode achar que é brincadeira, mas não é! Os portugueses que aqui estiveram não sabiam escrever os nomes dos africanos, então colocavam a função ou alguma outra palavra que tivesse relação com a família do cidadão. Tive uma reunião com uma pessoa chamada Sr. Tapuletha Trabuco. Mas mantive a seriedade o tempo todo! Aliás, o Senhor Trabuco é uma pessoa muito simpática, gostei dele!

Ah! Conheci também uma agradável senhora gringa americana que está fazendo o lindo trabalho de traduzir a Bíblia para os idiomas africanos como o inhungue, assim ela poderá catequizar toda a África com a palavra do Jéza nos dialetos locais. Não é bunitu isso? Jéza *is beautiful*! Os costumes, as lendas e tradições locais que se fodam, vamos enfiar o Salmos goela abaixo e colocar todo mundo de joelho pra repetir o Credo! Agora todo mundo com a mão pro alto!! Bebeu água?! Tá com sede!? É parecido com uma micareta, mas tem menos cerveja!

Fui!

Abreizes!

Ao som de Ramones – *Pleasant Dreams*

KUATCHENA

22 DE AGOSTO DE 2009, 12:09

Fui num mercado chamado Kuatchena. Não sei como se escreve. É onde o moçambicano local compra sua comida e roupa. Povão mesmo. Um labirinto de vielas e barraquinhas e gente carregando e vendendo de tudo: carne, pano, lona, roupas usadas, comidas, enxada etc. Me enfiei lá no meio e foi bem legal. Três moleques me seguiram o tempo todo, eles rodavam pneus velhos de moto como brinquedo, não paravam de olhar para minhas pernas, ficaram vidrados (preciso explicar isso melhor: não é que eu tenha pernas lindas, mas é que tenho as duas canelas totalmente tatuadas, e tatuagem é uma coisa bem pouco comum aqui).

Me senti a Luma de Oliveira na Sapucaí!

Não... me senti um branco no meio de um lugar onde só tem preto e gente muito pobre mesmo! Comprei um canivete, descobri depois que estava quebrado, vou voltar lá e reclamar com a faca na mão!!!

Esses são os moleques que me seguiram quase uma hora!

Indo embora com uma puta sede!

Acha que posso entrar gritando, com a lâmina aberta, perguntando onde tá a p*%$ da p%@# que me vendeu o canivete quebrado?

Acho que vou ficar com ele quebrado mesmo!

Ao som de Sacred Reich – *Surf Nicaragua*

VOLTA CICLÍSTICA DE MOATIZE!

25 DE AGOSTO DE 2009, 14:30

Perguntei no hotel se eles poderiam colocar água no quarto. Pra beber. Água mineral, sabe? Porque eles colocaram um frigobar, mas não tem nada dentro, acho que é porque deve ser um puta luxo ter um frigobar, mas comida seria pedir demais. Muita gente come pouco por aqui. Levei eu mesmo uma caixa de garrafa de água pro quarto, tipo abastecimento de *bunker*. Eles devem achar que sou um tipo de dromedário humano, que bebe quinhentos litros uma vez por ano e passa seis meses andando por aí!

Aliás, por falar em andando por aí, nesse fim de semana último dei uns rolês de bike. Foi bem legal! Como sou o único branco andando de bicicleta é mais ou menos como se estivesse pelado, todo mundo olha. E eu pelado é um espetáculo à parte!!

Percebi também que a campainha que tem na bike, aquelas antigas que fazem trim-trim bem alto, são usadas aqui não para avisar de sua presença, ou mesmo para alertar outros transeuntes e motoristas de plantão, mas tem a função local de saudar quem quer que seja: amigo, amante, parente etc. Não sabendo de tal peculiaridade quando algum carro se aproximava e demonstrava perigo (o que consiste em mais de 70% do trânsito, visto que a sagacidade na condução dos bólidos motorizados deixa a desejar na maior parte do tempo), eu tascava a mão na campainha!! Eles, em retribuição, acenavam alegremente enquanto dentro de mim o ódio-ciclista-contra-o-carro crescia forte, gordo e saudável. Depois de vinte minutis (como dizia o Mussum) percebi que a campainha é um tipo de "*Hey brother!*" e não um "Vai tomá no cú, *brother*!". Desfeita a confusão prossegui o passeio sem utilizar a campainha, o que foi uma pena, já que pedalar e usar a campainha tinha sido um dos maiores prazeres desde que cheguei. Pouca coisa se compara a andar de bicicleta e usar a campainha, é um momento único na vida de um ser!

Tem uma vantagem! Aqui é como na Inglaterra, o trânsito anda ao contrário, mão-inglesa sabe!? Então para quem tem vontade de descer uma rua e entrar rasgando de bike na contramão, pode fazer numa boa! Na verdade, você vai estar obedecendo à lei, mas com a falsa sensação de que tá fazendo coisa errada! Outra coisa bem legal é fazer rotatória ao contrário! No passeio de bike dei umas três voltas seguidas na rotatória local (a única da cidade), só pra sentir a transgressão invadindo minha mente. Depois percebi que estava fazendo tudo certo, então fui embora tomar refrigerante sabor corante vermelho.

Acho que vou comprar uma moto. Tem umas chinesas de cinquenta cilindradas, baratinho! Veja bem, para andar de motinho cinquenta cilindradas não precisa de nenhum tipo de licença da prefeitura, mas para andar de bicicleta precisa tirar uma autorização! Bota fé?

Agora pergunta se eu vou lá tirar a tal autorização pra andar de bicicleta? Nem que a vaca tussa! Acho que vou comprar a motinho mesmo! Custa MZN$ 30.000 algo próximo a R$ 2.000... MÁ TÁ BARATOOOOOOOOOOOOO!

Abraxas!

Ao som de David Bowie – *Live Santa Monica '72*

THE ZENHO

26 DE AGOSTO DE 2009, 16:02

No aniversário das pessoas é comum ter um bolo e velas aqui também. Mas eu queria é que fosse algo do tipo "jogamos o aniversariante e mais dez cabras albinas em um poço de lava!", mas não, é bolo e abraços carinhosos. Mas depois do "Parabéns" tem o "Corta o bolo!", que é uma das coisas mais legais que já vi em se tratando de músicas para celebrar o nascimento de alguém!

Tá certo que não conheço tantas músicas assim, só o já famoso e cansado "Parabéns a você" e músicas natalinas que celebram a vinda do menino Jéza para o mundão. Voltando ao "corta o bolo"... No escriptorium no fim do dia reuniu-se todos os funcionários aniversariantes do mês – eu e mais umas três pessoas – e cantou-se o "Corta o bolo!", que é uma música muito legal, "Corta o bolo Raaaaaafael, Rafaaaael corta o boooooooolo...", tudo em coro, é legal pacas. Quem quiser ouvir liga pra mim que eu canto o “Corta o bolo!” numa boa. Isso sim é que é música de aniversário. Não vejo a hora de ir numa festa e cantar isso aí!! Depois se você demora muito tem o “Serve o bolo!”, que é a mesma música, só muda a frase.

Foi bem legal tudo o que envolveu meu aniversário aqui! Gostei pacas!

E hoje é meu aniversário!!!

Mas quem ganha o presente é você!

Um lindo desenho feito por mim!

Fiquem bem! Vou tomar umas Laurentina Premium (*beer* local) e dormir cedo que amanhã vou fazer sei lá o quê!

Ao som de The Aggrovators Feat. King Tubby and Bunny Lee - *Bionic Dub*

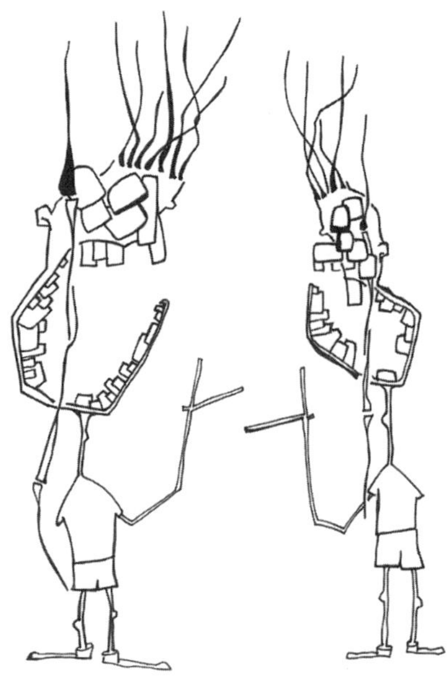

CELEBRATION

27 DE AGOSTO DE 2009, 19:32

Ontem foi meu aniversário, né? Então o povo do escritório, galera gente fina, foi tomar umas comigo num bar/restaurante local que se chama Why not? O lugar é um dos poucos que tem comida aparentemente limpa, um rango bom e uma *beer* gelada. Comi um prato chamado bitoque, que consiste em um bife a cavalo, mas a carne é dura, muito dura. Se você tentar fazer uma carne dura não vai chegar nem perto dessa daqui. O bife é duro e a faca é mal afiada, então a refeição é uma luta. Putz, quando voltar ao Brasil vou numa churrascaria, pode ter certeza. No meio do jantar, a luz da cidade acabou, tudo no completo breu. Pagamos e fomos. Cheguei no hotel sem luz e sem sono, não tive dúvidas, a noite estava fresca, um vento bom, saí andando à toa, sozinho, na completa escuridão. E aqui, meu amigo, quando fica escuro pódicre que é escuro mesmo. Tinha muitas estrelas porque não tem cidade perto e não é poluído como São Paulo, então a caminhada foi boa, céu lindo de se ver. Sem piadinha, mas é real, às vezes percebia alguém perto quando estava muito perto, não se via as pessoas! Mas as ruas estavam bem vazias. Acabei que voltei em um lugar que já tinha ido anteriormente: as Barraquinhas. Não tem foto porque o esperto aqui saiu sem a câmera. Também esse negócio de registrar e fotografar tudo é um saco, meio invasivo. Parece que nunca viu!

De fato, algumas coisas eu nunca tinha visto, mas isso não vem ao caso. As Barraquinhas é uma quadra onde corredores apertados, às vezes com menos de um metro, compõem uma sucessão de barraquinhas (há, entenderam o nome agora!). Lá eles vendem de tudo: goró e rango. Não dá pra comer, é sujo, eu não arrisco, mas pra beber é bom. Entrei lá e fui até o fundo, é tranquilo, mas se necessitar de uma saída rápida não vai rolar. Então, sorrisos e boa-noite são uma boa tônica para o lugar. Sentei num saco de carvão com uma cerveja e fiquei a escutar as pessoas falando e passando. Uma mulher grande me pergunta o que faço, explico superficialmente. Dois caras sentam e falam que querem conhecer Ipanema, a praia. Digo que o que eles viram na novela é tudo mentira, que devem ir para São Vicente ou Praia Grande, que é um praião e é divertido! Eles anotaram o nome da praia, explico que tem que descer via terminal Jabaquara, eles anotaram também. Agradeceram e continuamos conversando sobre outras coisas, falamos do tempo, da luz, do Habib's (que eles também não conhecem, mas esse nome eles não anotaram, vão perder um esfihão), de futebol e outras coisas mais. Eles eram bem gente fina. Mas Ipanema não dá, né! Tudo isso à luz de velas e brasas em que os frangos assavam em grelhas pretas. Foi legal. Quente! Tomei mais umas duas em outras barracas. O lugar é feio, mas é legal por causa disso, me senti bem lá. Voltei pro hotel ainda sem luz e dormi pra acordar cedo e ter uma reunião com um cara que se chama Alface. Dá pra crer!? Meio ressaquento, com a tampinha da cerveja no bolso ainda. Quando puxei o celular do bolso, ela caiu sobre a mesa do Sr. Alface. Acho que pegou meio mal! Mas tá tudo bem!

Abruxas

Ao som de Dub Trio – *Another sound is dying*

Uma árvore transilvânica!

VOZ DE PRISÃO!

28 DE AGOSTO DE 2009, 13:13

No caminho pro escriptorium tem uma ponte em obras para atravessar, fica sobre o rio Zambeze, entre Tete, que é onde moro, e Moatize, que é onde trabalho. Como o trânsito anda lento, aproveito para tirar umas fotos. De manhã, umas oito horas, vi um cidadão com chinelo amarelo e boné rosa. Achei interessante as cores nas extremidades do rapaz, cabeça e pé. Não tive dúvidas e tasquei uma foto dele (veja lá na p. 179), porém, atrás do cara havia dois guardas. Na hora ele me disse:

- Você está preso, PRESO!!!

- Mas eu não tirei foto do senhor, foi do chinelo dele! *(nessa hora o cara do chinelo olha feio pra mim e o guarda repete)*

- PRESO, PRESO!!!!

(o pessoal dentro do carro disse para mim: "não discute, pede desculpas rápido!")

- Tá! Tá!!! Ok! Me desculpe, foi mal, só queria fotografar o chinelo dele!

(o cara do chinelo olha feio de novo, ele não tava entendendo porcaria nenhuma, mas olhava feio porque tinha um policial gritando "preso" e um branquelo aguado falando e apontando "chinelo dele!")

Nessa hora o trânsito andou e o guarda Belo deixou por isso mesmo. Depois meu brother local Inocêncio disse que são policiais *old school*, ainda pensam como no tempo do socialismo, em que tudo poderia ser ameaça para o Estado. Desde quando tirar foto de chinelo é perigoso para o Estado? Perigoso é usar chinelo amarelo!

O pior é que o trânsito estava muito devagar, ficava naquela de acelera e para, então o cara do chinelo ultrapassou o carro algumas vezes. Toda vez que ele passava do lado do carro olhava feio. E eu lá de Ray-Ban no ar--condicionado, todo pimpão!!!

Falous!

Abreixes!

Ao som de Infectious Grooves – *Sarsippious' Ark*

MEA CULPA

28 DE AGOSTO DE 2009, 19:54

Falei de Ipanema um tempinho atrás! Amigo meu mora em frente a essa lanchonete, ele fala que mora de frente pra Copacabana! Postei para fazer justiça ao Rio de Janeiro, que é um lugar que eu curto pacas, preciso ir mais para lá! Ainda não comi no Copacabana, prometo que irei assim que for possível!

Ao som de Thelonious Monk – *Monk's dream*

Copacabana princesinha do mar

SEGUNDA ETAPA DA VOLTA CICLÍSTICA DE MOATIZE

30 DE AGOSTO DE 2009, 20:34

Era sábado de manhã e eu fui comer alguma coisa e junto com um brother local fomos ao *talho* (que é o açougue) comprar picanha que vem de Botsuana para fazer um churrasco mais à noite. A picanha local parece tudo menos uma picanha! Nem gosto de picanha tem, ou seja, não é uma picanha, mas como do outro lado do balcão tem um sujeito que fala inhungue, com uma faca na mão, você compra a pseudopicanha, agradece e reclama só lá na churrasqueira, na sua casa. No meu caso, reclamei na casa de meu amigo pois moro em um hotel, o que é motivo para reclamar um pouco mais. Sobre a picanha e sobre o hotel.

Dessa vez eu fui o churrasqueiro, e, pasmem!, mesmo com todas as adversidades, mesmo com tudo caminhando contra, mesmo com o vinagrete fora do ponto, mesmo com a ausência de uma linguicinha como comitê de boas-vindas ao evento, fiz um baita de um churrasco. Pelo menos foi o que me disseram!

Mas antes disso tudo eu saí de manhã e fui bem longe de bicicleta. Peguei uma estrada maior, depois uma menor, depois uma menor ainda. Fui parar em um lugar bem vazio. Foi legal!

Mas o calor das onze da manhã mata o cidadão. É muito forte! É de uma quentura que derruba. Ao pedalar parece que tem um secador de cabelo apontado para sua cara, o vento fica quente, o mundo ao seu redor fica quente! Não tem água que dê jeito nisso.

Hoje é domingo e eu tô com uma baita preguiça. Já falei com meus pais e com a Pati, minha namorada, e tá tudo bem! Que bom!

Vou dormir!

Abreize!

Ao som de Primus – *Sailing the Seas of Cheese*

John Travolta em seu passo *Saturday Night Fever*!

MENU

01 DE SETEMBRO DE 2009, 9:02

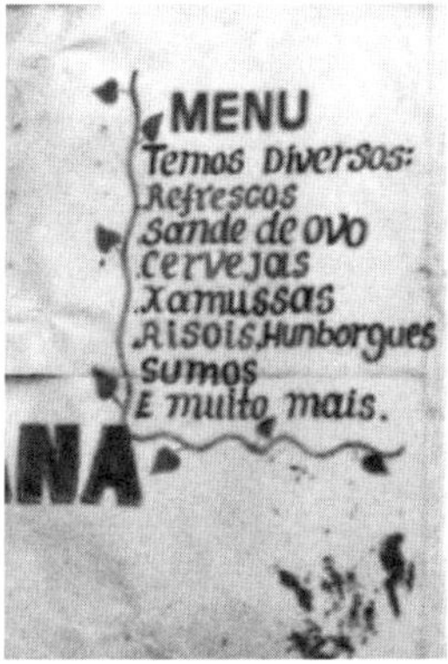

A pedidos envio o menu do Copacabana. Mas tem outro lugar que fica na Vila de Moatize que é um caso à parte. Chama Marilina. A história é a seguinte: Marilina, jovem portuguesa, casa com um homem mais velho, ela tinha 17 e ele, 50, e vem com seu *old* maridão para Moçambique fazer a vida aqui no sertão de Moatize. Havia a promessa de que a mina de carvão que ali funcionava traria riqueza, poder e glamour para a vida do casal.

Mal esperava a jovem Marilina que, meses após o óbito do *old* maridão, a mina de carvão fosse desativada. Em um momento de atitude ...*E o vento levou* assume a bronca de viver sozinha em Moçambique e tocar o pequeno restaurante. Com a promessa de que um dia a mina de carvão voltaria funcionar, claro. E não é que voltou!? UEBA!!

Ela é conhecida por bater nos funcionários. Não sei se é lenda ou folclore local, mas não pago pra ver! Tem que ouvir todas as versões da história. Só tomei um café da manhã lá. Eles trazem o pão e o café e como quem não quer nada tem uma garrafa de Johnny Walker na bandeja. Oferecem a bebida de maneira casual, como se fosse uma geleia a mais na mesa. "Vai um whiskizinho junto com o pão na chapa?" A engenheirada local deve chupitar um malte desgracento naquele lugar! Pros garçonetos oferecerem goró logo no período matutino é porque houve uma dependência de caminho que promoveu um processo cognitivo de aprendizagem local! Bonito esse momento institucional do dia!

Abreizes!

Ao som de Groundation – *Each One Teach One*

Menu do Marilina, atenção para o OMOLETE! Aqui é assim mesmo

OMOLETES CONRADIANOS

01 DE SETEMBRO DE 2009, 11:23

Como vão vocês todos por aí!?

Aqui tá tudo numa *nice*!

Tudo birináite!

Tudo *all right*!

Tá quente e tenho saudade de coisas básicas como pão francês. Aqui a gente come o que tem. Tenho vontade de ir ao cinema também. Além disso tudo, tenho vontade de estar à direita de deus-pai-todo-poderoso, de onde há há há de vir julgar os vivos e os mortos.

Aqui é assim! Gosto de falar isso, pois dá a impressão de que aqui é assim mesmo. Fim de semana que vem é feriado aqui, vou para um país vizinho que chama Malawi, sei lá o quê vai rolar, mas me disseram que tem uma caminhonete indo, eu vou subir em cima e seja lá o que Jah desejar!

Escrevi um microconto.

Conheci uma ex-BBB. Ela é turbinada. Ela é sarada. Ela é uma ampola de sabedoria. Ela é global. Ela não é SBT. Ela é tudo o que sempre quis ser. Ela não tem conteúdo, mas está cheia de si. Ela não entende bulhufas de música. Ela samba miudinho. Ela sabe que já sofreu, e esconde isso querendo mostrar. Ela fez o "jogo" dentro da casa. Ela sorri a qualquer instante e para qualquer coisa. Ela está pronta para os flashes. Ela quer o Amaury Jr. no cangote dela, embora ele não seja da groba. Ela usa saia curta. Ela usa saia longa. Ela usa qualquer saia que derem para ela. Ela gosta mesmo é da atenção. Ela diz que não vai ligar se as pessoas se esquecerem dela daqui uns meses, mas olhando bem lá no fundo dos olhos você já percebe uma ponta de angústia desse futuro e certo esquecimento. Ela nunca vai deixar de ser ex-BBB. Ela não vai estudar, nem começar a ler. Ou mesmo fazer um curso de técnico administrativo no Senac. Ela é um estouro. BUM!!!!

Fui!

Abraxas!

Ao som de Bad Brains – *Black Dots*

ERRATAS HUMANUM EST

02 DE SETEMBRO DE 2009, 12:01

Aproveito para enviar a foto de outro embondeiro. Essas árvores são muito grandes mesmo, estou tentando dar uma proporção do negócio. Depois fui comprar umas balas e o vendedor organizava sistematicamente as balas de duas em duas, perguntei se ele vendia uma só. A resposta foi "Não, só duas!", comprei seis, mas não sem antes tirar uma foto da organizada barraquinha dele. Depois quando estava indo embora uma mulher parou e perguntou:

– Por que ele está tirando foto?

– É das balas!! *(respondeu ele)*

– Vai entender brasileiro!!!

Fiquei pensando sobre isso, e ela está certa. Ando tirando foto de chinelo amarelo, camelô de bala, será que no Brasil faria a mesma coisa?

— Quem tem um embondeiro perto de casa vive melhor! —

Depois tentei dar umas balas para um casal de criancinhas na rua, todo empoeirado. Quando mostrei as balas eles saíram correndo em disparada com cara de medo!

O que a nossa presença causa aqui?

Amanhã vou para Mussacama, não me pergunte onde é!

Na verdade, estou com uma vontade muito grande de comer virado à paulista. Vocês não têm ideia da falta que um torresmo faz na vida de um homem!

Abreizas!

Ao som de Slayer – *Decade of Aggression Live*

THE KASUPE JAZZ BAND

03 DE SETEMBRO DE 2009, 15:51

Músicos locais com instrumentos feitos na região e uma musicalidade muito interessante. O nome é The Kasupe Jazz Band. Estava escrito no braço do baixo, à caneta!

Estava em Mussacama que é um povoado a cem quilômetros de Moatize. Uma série de cabaninhas na beira da estrada e um mercado de rua mais caipirão. Lá conversamos com o líder local e fomos ver a banda. Muito bom!! A bateria é uma mesinha de sucata com os mais diferentes sons, o baixo tem um corpo que é um tambor e serve de bumbo, a guitarra tem corda de arame. Encomendei uma guitar, que custa duzentos meticais. Só não sei como vou levar para o Brasil!

O baixo tem como corpo um bumbo, duas pessoas tocam ao mesmo tempo

Todo mundo dança e canta! E ninguém tem vergonha ou fica de frescura! Muito legal mesmo! Música de alta qualidade.

Vou pro Malawi amanhã. É um país vizinho de Moçambique. E tenho que terminar o mestrado, recebi ameaças do meu orientador!

A gente nunca sabe realmente com quem está trabalhando...

Abreixes!!

Ao som de Intronaut - *Null*

MALAWI

08 DE SETEMBRO DE 2009, 7:45

Fui pro Malawi, país vizinho daqui. Fiquei em Cape Maclear, ou Lago Niassa, bonito lugar. Água bem clara, boa temperatura, dias quentes e cerveja Carlsberg. O mestrado lá me esperando! Perguntei se havia crocodilos por ali, todos os locais disseram que não, só bem longe. Então eu podia nadar tranquilo. Mas vai nadar lá pra ver se você fica tranquilo?!

Até porque não vi um habitante local nadando, fica todo mundo na areia! Dá pra desconfiar, mas fui mesmo assim. Nadei um tanto, mas lá no fundo dá maior medão! Vem a sombra das nuvens e faz uma mancha escura no fundo do lago, que tem água bem clara, vixe!! Tive meu momento Michael Phelps, voltei pra terra rapidinho! Até porque os habitantes locais são bem confusos, uns disseram que crocodilo fica só na beirada, lá no fundo não tem problema que eles não vão. Mas pra ir pro fundo tem que passar pela beirada, pô!

Outros disseram que crocodilo só fica no fundo, então a beirada é o melhor lugar! Lembrei dos documentários da TV em que o *aligator* pega zebra e afins na beirada. Na dúvida, fiquei no fundão!

Mais longe tem uma praia com babuínos, mas o esperto foi sem câmera. A vila tem uns lugares para turista gringo ficar, bons e confortáveis, mas o legal mesmo é o boteco. Fui em um deles com o Ricardo, um amigo moçambicano. Lá tocava reggae, a cerveja era Kuche-Kuche, marca local, e não Carlsberg. Negociamos um *djembe* (um instrumento percursivo da África ocidental) feito por um cidadão que estava jogando sinuca. Tudo bem pacífico e tranquilo. Lá eles só falam inglês, mas com um sotaquezinho ruim de entender! Fizemos uma gambiarra para negociar o *djembe*, o Ricardo ficou como comprador, porque se fosse eu o comprador ia sair muito mais caro, então ele, que fala o idioma local, disse que era para ele mesmo. No fim da negociação, o cara do bar pegou um pincel atômico e escreveu o nome no corpo do tambor, que era cor de madeira, não gostei muito não, mas se eu reclamasse a farsa seria descoberta e estaríamos nas mãos dos nativos!!! HÁ HÁ HÁ... Não ia acontecer nada, só ia ficar um climão ruim ali! Mas tudo correu bem e eu tenho um *djembe* que comprei baratinho com a assinatura do povo do bar. Tá limpo!

A viagem até o Malawi é longa e tem uma fronteira ruim de passar, demorada, burocrática e com policiais extremamente corruptos. Eles querem tirar alguma grana de você a qualquer custo. Passei pela fronteira à noite, tudo escuro. Tem pouca luz e por umas três vezes a luz acabou de vez. Foi bem esquisito ficar entre o Malawi e o Moçambique sem luz, ali tem um trecho que é terra neutra, fiquei pensando: "Se acontecer alguma coisa agora acho que não vai ser muito fácil de resolver...". Mas nada aconteceu

Arquitetura malawiana. Fala a verdade... eu sô bonito pacas, hein?

O trapiche como base segura

Praia dos turistas

Praia dos locais

e tudo correu bem, como sempre! É só um poquinho de noia pra dar sabor ao momento, texto e fato em si enquanto evento ocorrido!

Agora acho que vou terminar o mestrado!

Ao som de Faith No More – *Angel Dust*

FRANGO

08 DE SETEMBRO DE 2009, 9:33

Não posso privar os leitores deste livro da experiência gastronômica tão intensa quanto a por mim vivida no feriado último.

Foi feriado aqui também, 7 de setembro é Dia da Vitória, em homenagem à assinatura dos Acordos de Lusaka. Voltando do Malawi deparei novamente com o mercado de Mussacama: é a terceira vez que vou lá. Estava tendo feira de novo e tinha os frangos... Ah, os frangos!

Uma sequência de mesas de ferro em que as mulheres fritam frango e batata. É o KFC mussacaniano. O cheiro é bom, as batatas brilham à luz do sol, os frangos estão bem passados, mas confesso que encarei só a batatinha. O frango não dei conta, não! É muito sujo e não tem como saber há quanto tempo eles estão ali, nem como foram abatidos! Dá pra pegar um vírus ou algo assim muito fácil por aqui, entonces, o negócio é não bobear. Mas que dá vontade, isso dá! Logo mais você vai ver a foto dos quitutes especiais, o pé de frango preto é o mais requisitado!

Apeixes!!

Ao som de teclado do escritório

MULHERES FORTES

Equilíbrio total! A mulher moçambicana é forte! E bonita!

Roupas e tecidos bonitos, sempre!

Como trabalham as mulheres moçambicanas!!! É incrível!

THE KASUPE JAZZ BAND

— O baixo tem como
corpo um bumbo,
duas pessoas tocam
ao mesmo tempo.
A batera é de sucata
e os pratos são
campainhas de bicicleta —

KFC de Mussacama! Quitutes especiais, detalhe para o pé de frango

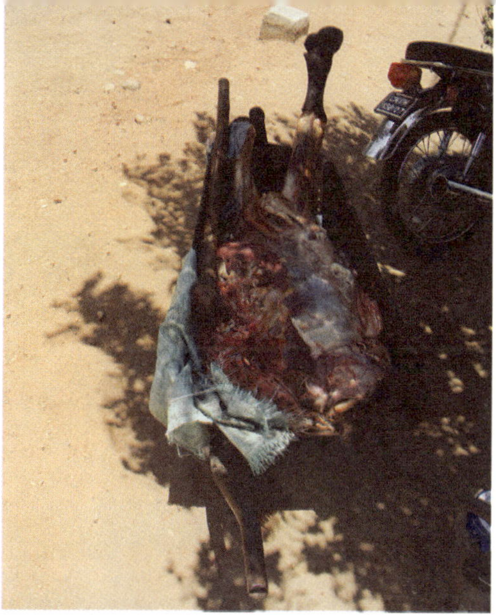

Ao lado, carrinho-açougue. Abaixo, balas. A de hortelã tinha cor de caramelo e vice-versa. Simpático vendedor!

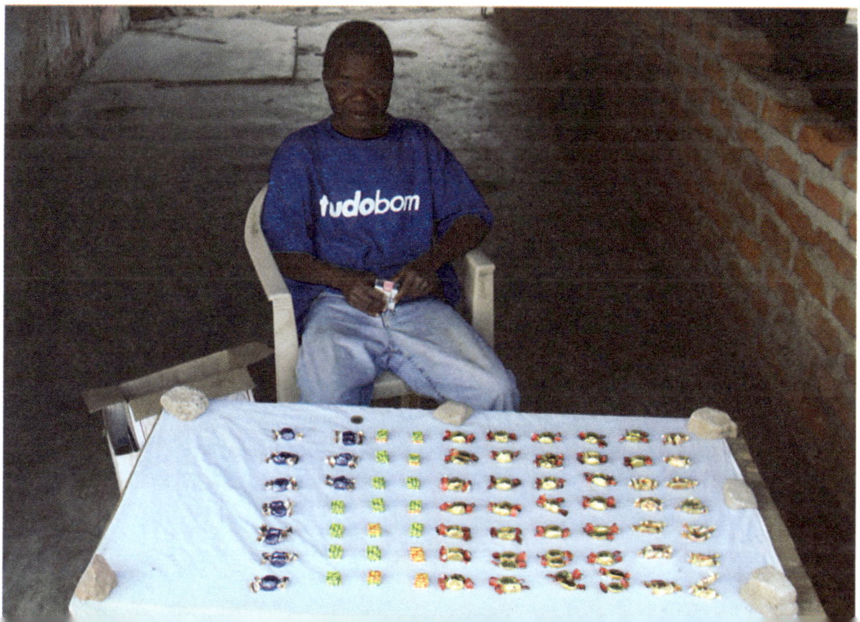

Acima, o Marilina, um lugar sofisticado! Para os padrões locais! Abaixo, o Mercado Municipal de Maputo, ambiente ideal para sorver gélidos refrescos

AINDA MALAWI E UM POUCO DE MOATIZE

09 DE SETEMBRO DE 2009, 8:53

Às vezes, é em português mesmo. Mas tem horas aqui que o idioma é outro! Ou então o sotaque é tão forte que não se compreende nada. As perguntas devem ser feitas com cuidado e pausadamente. Muita informação confunde. Cheguei aqui com a ansiedade que me é peculiar e o jeito paulistano de viver, hoje projeto um jeito zen de comer e andar. Os carros vão a quarenta quilômetros por hora nas estradas, não há pressa. Não há razão para correr!

É até melhor, já que nada no trânsito é organizado: você vira onde quiser, obedece o semáforo se estiver com vontade e estaciona onde bem entender. Andar de bike é um exercício à parte, tem que ter muuuuito cuidado. O pessoal de bicicleta não teme o trânsito, entra na frente dos veículos que estão vindo em sua direção, mas não com uma atitude desafiadora, mas, sim, por uma certa inocência quanto ao perigo que isso representa. Até uns anos atrás aqui era um sertãozão, e, de repente, enche de caminhonete grande e gente guiando pra tudo quanto é lado. Vai levar umas gerações até organizar o lugar.

Estou organizando um curso de capacitação ao ensino do inhungue, ou nyungwe, que é o idioma local. Um pessoal daqui está escrevendo um dicionário inhungue/português. Vou levar uns pro Brasil, mas aproveito desde já para adiantar alguns verbetes que podem ser úteis.

Adubação: Kuwaza ndovolo m'munda kuti mbewana zikule

Abate clandestino: Kugwesa miyi mwa kuba

Capacidade: Nkati

Locomoção: Ufambi

E por aí vai... A gente nunca sabe quando vai encontrar a chance de bater um bom papo sobre adubação e abate clandestino em nyungwe, certo!? É bom se inteirar a respeito para aproveitar a oportunidade!

O clima tá começando a esquentar. Ontem mesmo fez um calor do cão! Mudei do hotel, agora moro em uma casa, ela fica entre a Fofinha e a barraca Ipanema - estou no eixo gastronômico de Tete. Vou frequentar os melhores ambientes. Os pratos mais sofisticados. A comida aqui tá dureza, meu amigo!!! Dureza em todos os sentidos!

Fui!

Ao som de Erasmo Carlos - *1971*

Com desenho fica fácil descobrir em qual entrar!

Voltando pra pousada no Lago Niassa! Saudade grande da Marginal Pinheiros e do fim de tarde no trânsito paulistano!

O COMÉRCIO, A COMIDA, A CASA E A CABELARIA!

10 DE SETEMBRO DE 2009, 16:49

Aqui tem muita coisa de outros países.

O comércio para quem tem grana é todo de importados. Locais, só vegetais e frutas, nada parecidos com aqueles de propaganda mas, sim, pequenos e judiados na estética. No entanto, essas frutas são saborosas. A banana é boa, o mamão também. O peixe é o forte da região, visto que o rio Zambeze, que divide Tete e Moatize, é grande e tem muito peixe, mas eles preparam esse peixe mal. Às vezes com umas técnicas pouco promissoras no quesito limpeza.

O peixe seco, fiquei na dúvida entre experimentar ou não... Confesso que demorei uns bons minutos entre o "como ou não como?". No fim, peguei um pedacinho, mas não comi, devolvi para o chão. Pelo menos o feirante não ia poder reclamar que estava devolvendo o peixe mais sujo, ou que tinha colocado a mão no peixe! Você precisa ver a situação do coitado do peixe!

A carne bovina vem de Botsuana ou Zimbábue. Ela é dura e tem pouco sabor, nada parecida com um bom bife de chorizo argentino. Funciona assim: você compra, frita, come e reclama depois... Daí vai lá e compra de novo!

O comércio também é feito na beira da estrada, sempre as mesmas coisas, mas em barraquinhas diferentes, o que faz com que eu compre cada coisa em uma, para conversar mais com o povo. Na cidade tem umas vendinhas de indianos e árabes, mas eu não gosto muito de conversar com eles, não! Eles também não ficam muito de papo comigo, acho que minha aparência os assusta um pouco. As costeletas... devem ser as costeletas! Às vezes, eles vendem coisas estragadas, geralmente coisas que deveriam ficar refrigeradas. Com o calor daqui é normal que estraguem mesmo. Mas tá limpo!

Os portuga vieram pra cá, depois foram expulsos, mas deixaram umas construções bonitas. E tem também as cabelarias, são uns boxes onde o povo raspa a cabeça. Ainda não preciso cortar as madeixas, no entanto lá irei quando precisar! E, por fim, o Take Away Almas, que coloco aqui só pra fazer o trocadilho de que aqui se vende ATÉ A ALMA.!!! Há, há, há... Entenderam?! Muito boa essa!!

Apeixes!

Ao som de John Zorn & Electric Masada

Ele vende a alma, mas não entrega, é você quem leva!

PEIXES

10 DE SETEMBRO DE 2009, 16:45

Come-se muito peixe seco por aqui. Eles, pois eu nunca comi. Se bobear e aparecer de novo, quem sabe experimento numa boa? Tive uma oportunidade, que pode ser verificada nas fotos abaixo, mas dessa vez estava sem apetite. Estava meio malpassado, e peixe-seco-sujo-no-chão-de-terra eu gosto no ponto, sabe?!

Assepsia 100% garantida!

Esse... ...comi não!

O TEMPO!

11 DE SETEMBRO DE 2009, 9:05

Ontem fez 40 °C, tava quente, hein, fiótão?

E ainda não estamos de vento em popa! Dizem que verão passado chegaram nos 49 °C! Eita! Isso sim é que é lugar quente! A pele seca. Tudo seca! O ar-condicionado seca. Eu mesmo que nunca gostei de tal aparelho tenho recorrido ao uso!

Algumas coisas parecem clichê da *National Geographic*, mas são reais... Por exemplo, as mulheres com filho nas costas, todas coloridas e carregando o mundo na cabeça!

É parecido com um mulato de terno branco, pandeiro na mão, e uma mulata, cheia de penas de pavão e biquíni mínimo, dançando samba em Copacabana. Mas aqui, não! A vida é assim mesmo. As mulheres são fortes e trabalhadoras, não tem muita voz na sociedade, mas movimentam e fazem a vida acontecer.

Esse *dog* abaixo é o Sabire, gente fina. Dizem que ele não é um cão, mas é sim... ...é só uma piada local!

Há peixes!

Ao som de Bad Plus – *Prog*

Sabire, o cão não cão! Mas ele é gente fina!

RELOJOARIA

13 DE SETEMBRO DE 2009, 4:49

Perto do hotel onde eu morava tem a relojoaria local. Como vocês podem perceber é um ambiente sofisticado, oferece serviço autorizado de várias marcas. Conversei com o proprietário, mas ele não fala muito bem o português. Como eu não sou fluente nos dialetos locais, restringi o papo aos dois modelos disponíveis à venda. Uma imitação chinesa do G-Shock, e um outro analógico com cara de que nunca mais vai funcionar direito. Reparem nas pinturas da fachada da loja.

Ando sem horas mesmo! Pra que saber as horas? Aqui o tempo é comandado pelos desejos da Grande Mãe África!! (Isso ficou com cara de frase que se ouve em documentário da Discovery Channel.)

A relojoaria fechada

A relojoaria aberta, serviço autorizado Rolex, e vende joias também

ESCOLA

13 DE SETEMBRO DE 2009, 5:05

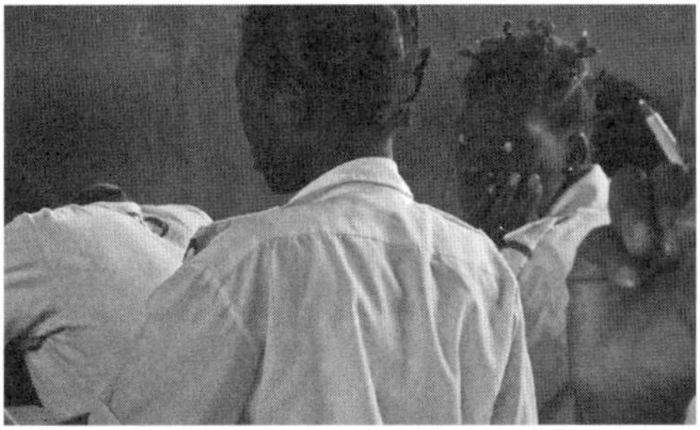

Como de costume sentei no fundão!! Pra lembrar dos velhos tempos de colégio!

Assisti aulas aqui em duas escolas diferentes.

Uma se chama Samora Machel e a outra, Heróis Moçambicanos. O ensino é enciclopédico, de memorização mesmo, e os professores estão na profissão por amor, pois não têm estrutura alguma para o ensino.

Foi legal conversar com alunos e professores. Eles querem mudar a situação do ensino moçambicano, pois o país tem um analfabetismo muito grande. Há um ideal meio romântico no fundo, mas bem real e necessário. Depois fui conversar com os diretores das escolas, que tomam uma posição burocrática de dizer que tudo está muito bem encaminhado e que o que eles querem mesmo é dinheiro. Como aqui o funcionalismo público é grande e a corrupção é comum, não há constrangimento em pedir ou oferecer dinheiro por fora. Faço cara de quem não compreende o discurso das entrelinhas.

Hoje é domingo, então vou assar um frango, como de costume.

Ao som de Rollins Band - *Weight*

FRELIMO X RENAMO

15 DE SETEMBRO DE 2009, 3:51

Em outubro haverá eleições para presidente aqui em Mótrambique.

Dois partidos disputam o pleito: Frelimo (Frente de Libertação de Moçambique), que tem base socialista, é forte aqui na região em que moro e tem o atual presidente em seu quadro, e o Renamo (Resistência Nacional Moçambicana), cujo objetivo é a "eliminação total das sequelas do sistema político econômico Marxista-Leninista e suas consequências na vida social". Tá escrito no estatuto deles, eu li lá e dei um control C + control V.

Não simpatizo com nenhum dos dois!

Como vão perceber pelas fotos, aqui tem um comitê do Frelimo. Um não, mais de um. E a maneira de eles fazerem campanha é a seguinte:

- Enfia o máximo de gente dentro de uma casa com muita bebida;
- Bebe o máximo que puder;
- Coloca todo mundo beldo dentro de um carro e sai de noite e de madrugada gritando e buzinando cidade afora.

Assim você convence qualquer um!

Mas não é só desgraça!

Ontem, domingo, houve uma manifestação na cidade do partido Frelimo. Nem fui ver! Ouvi de longe e fiquei estudando bem quieto em casa. Até aí, normal...

Eis que hoje o Ricardo, um brother local, disse que ontem, em Changara, uma comunidade próxima, os caras deceparam o braço de um cidadão porque ele era do Renamo!! Bota fé! Cortaram o braço do cara fora, esquema meio Hannibal.

Na hora que ele me contou isso, eu disse:

– NÉÉÉÉÉÉÉÉM! Vixe, tô fora!!!!!

Mas não é só desgraça!

O partido tem uma sede linda, toda rosa, e oferece uma balinha de hortelã (meu sabor preferido) aos eleitores. Se você não aceita a balinha perde o mindinho, se não votar neles perde o braço e, assim, sucessivamente.

Ah! A Frelimo tem uma loja aqui na cidade... Acho que não vou lá ver, não! Parece que é fantasia esse negócio, mas não é, não!

Depois conto do mercadão municipal, onde fui no sábado de manhã, inacreditível!

Apreixas!

Ao som de Bad Brains – *I against I*

KATSANHA OU CATSANHA OU A DOR DE BARRIGA COMO FUTURO INEVITÁVEL!

18 DE SETEMBRO DE 2009, 8:51

Aqui em Mountainbike tá tudo bem!

Tá quente!

Tá bem quente!

Tá quente pra caramba!!!

E dizem os brasileiros que cá estão há mais tempo que o calor ainda nem chegou no pico, no *greatest hit*, no suprassumo, na cereja do bolo, na geleia na torrada: o quente super-ultra-turbo!

Mas é quente de um jeito que coloca você em velocidade lenta. Não dá pra andar debaixo do sol, tem que esperar, ou entrar nas caminhonetes e ligar o ar-condicionado no máximo. Mesmo assim, dá calor! Aliás, no domingo geralmente falta luz, então o ar-condicionado das casas não funciona. Nessas situações é normal as pessoas ficarem andando de carro sem rumo certo, só pra ficar no ar-condicionado.

Mas pra dormir é diferente, porque fica quente e tem a vantagem de ter pernilongo a noite inteira!!

... Ô diliça!!!!

Fui a um povoado rural chamado Catsanha, ou Katsanha. Rodamos por mais ou menos uma hora por estrada de terra e no meio do nada... lá estavam eles! Vivendo, dançando e cantando! Tem criança pacas no lugar. Com a nossa chegada tudo se movimentou em um lugar que parecia deserto: apareceram dezenas de crianças. Tudo gente boa, mas não falam português, só inhungue! Tirei uma foto da criançada e mostrei na telinha da câmera, surpresa geral!, depois disso me seguiam onde quer que eu fosse.

O melhor foi lá no meio do nada surgir um cidadão com farda militar toda pomposa. É que o presidente de Moçambique estaria no aeroporto de Moatize em campanha eleitoral. Eles iam receber lá o tal do Presidente Guebuza. O cara faz campanha pra reeleição, continua sendo presidente em atividade e faz uso de todo o aparato material do Estado pra campanha. Numa boa!

A música e a dança que viemos ver aqui em Katsanha foram bem legais. Registrei em vídeo e fotos. Um dia lanço um disco com os maiores sucessos do norte de Moçambique. O curioso é que ali a música não era percussiva, mas sim melódica, com flautas parecidas com as peruanas e uma base rítmica feita com chocalhos presos aos tornozelos dos dançarinos. Gostei!

E toda semana tem o "dia da dor de barriga", o meu dia foi ontem. E dói, hein? Mas é normal... Uma diarreiazinha aqui, outra ali... o viver africano!!

Falous.

Ao som de Talking Heads – *Naked*

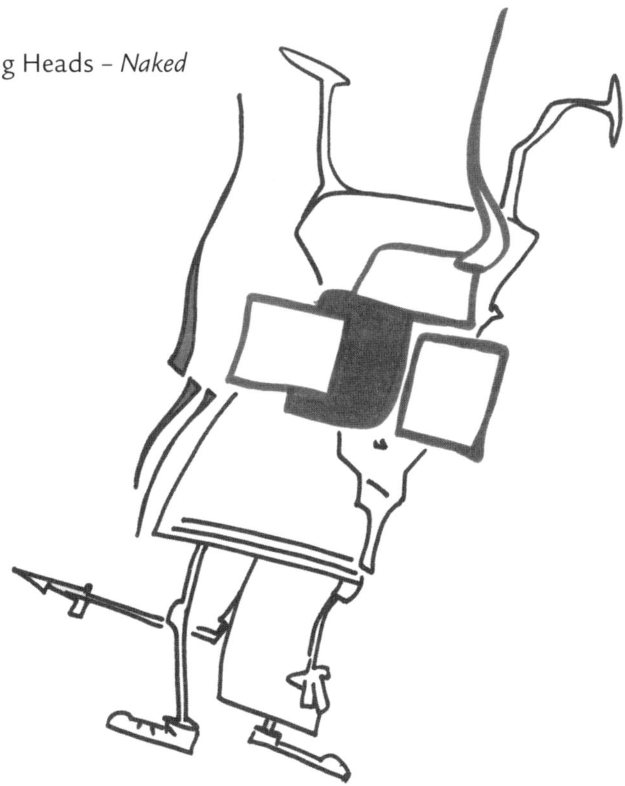

AINDA SOBRE DORES DE BARRIGA E OUTRAS COISAS QUE DÃO DOR DE BARRIGA!

18 DE SETEMBRO DE 2009, 12:47

Parabéns, *man*!

Aqui é assim! Toda semana alguém chega ou vai embora, ou faz aniversário, ou completa um ano de vida em Mótrambique, ou é aniversário de namoro da tia-avó, ou tá muito quente mesmo então tem que sentar em algum lugar pra beber algo gelado. Como os refrigerantes esquentam rápido, tomamos cerveja mesmo. Mas eu tenho me comportado, nada de grandes esbórnias!

Estava conversando com uns amigos dias atrás – num dia muito quente – e, por coincidência, comemorava-se bodas de ouro do casamento do fiscal de imposto de renda que multou um dos presentes à mesa. Tomava-se cerveja! Como deixar tal data passar em branco? Mas conversamos sobre algo que todos temos em comum aqui: a dor de barriga! Um dos presentes disse que quando ela não vem, até sente falta; outro comentou que acha bom de vez em quando dar uma soltada no intestino porque a comida aqui é muito dura!! Mas se a comida é dura então por quê...? Xá pra lá!

Um deles comentou que teve dores de barriga durante seis meses, hoje está tudo ok! Não é bonito isso? Seis meses e agora é só alegria, não vejo a hora de isso acontecer comigo. Tô que não me aguento de vontade de passar por essa experiência.

Encontrei uma brasileira que está aqui há 16 anos, casou com um moçambicano e vive a alegria de ser uma estrangeira quase nativa. Ela enche o peito e diz com todo orgulho que se sente moçambicana e que nem tem mais documentos brasileiros. Sei lá se isso é possível. Ela gosta tanto que passou uma meia hora falando bem dessa terra e do povo que nela reside, dizendo que o Brasil não é lá essas coisas. Desfazendo do Brasil e louvando a glória de não ter carinho pela pátria em que nasceu.

Argumentei que ela estava equivocada, que o Brasil é mais avançado e desenvolvido em diversos pontos, embora ainda exista muita pobreza e problemas devido à má distribuição de renda e blá, blá, blá... Mas não adianta, ela gosta mesmo é daqui. Ela "acha lindo" o povo não compreender raciocínios mais complexos pois mostra a "simplicidade" de uma nação. Ela também disse que os brasileiros têm muito ainda o que aprender com um povo paciente como o moçambicano. Um povo "que passa fome e aguenta o inverno todo ano sem ter o que comer" – segundo palavras dela – e que suporta um governo de 30 anos corrupto, que faz pouco para mudar isso tudo. Um povo que pede, e que devido à sua história, está acostumado a receber e não a buscar e construir as oportunidades e mudanças para um viver menos doído.

Um país lindo, com pessoas de um potencial enorme, mas que não aproveitam nem 20% de sua capacidade, embora na bandeira do país tenha uma enxada e um fuzil AK-47 e, debaixo deles, um livro!

É... acho que ela encontrou seu lugar no mundo!

Tinha muito rancor pelo Brasil no diálogo dessa mulher. Ouvindo por mais de uma hora, percebi que ela, como estrangeira com a pele ligeiramente mais clara e uma condição econômica nitidamente superior à maioria dos cidadãos locais, estava em um patamar de elite. O que no Brasil demoraria muito para ser alcançado. Aqui, eu sou elite, dá pra crer!? O poder aquisitivo da maioria da população é muito baixo, o que faz dessa mulher um ser diferente da maioria local. No Brasil, ela seria uma classe média normal! Soma-se a isso o fator superioridade construída dentro da cabeça dela... Bom, aí é melhor nem cutucar!

Porém, me deu um bocado de tristeza ver que uma pessoa diretamente envolvida com mecanismos de mudança para a população pobre local tem uma visão tão equivocada e estreita do Brasil, de Moçambique e dela mesma, eu acho!

Sempre viajo! Sempre que posso! Sempre que a conjunção "tempo x dinheiro" acontece. E ela acontece mais ou menos como o cometa Halley, de 73 em 73 anos!

É nada. Tenho tido algumas oportunidades de rodar por aí, e isso é bom! É bom porque me coloca como observador do mundo, de gentes, costumes e coisas diversas e também me faz olhar o meu país de forma diferente. Bom, isso tudo que falei acima foi bem lugar-comum, né? Acontece com todo mundo!

Ao som de Art Blakey & The Jazz Messengers - *Caravan*

MAIS UMA PERNA DA XIVSGRUNFF VOLTA CICLÍSTICA DE MOATIZE E GRANDE TETE

19 DE SETEMBRO DE 2009, 10:17

Dei um "dirroler" de bikes (como se dizia no interior!) ou: pedalei um pouco nesse sábado de manhã.

Foi legal! Pedalar é sempre legal!

Fui em um lugar afastado da cidade, na estrada que leva ao Malawi. Lá tem vários embondeiros e queria fotografar mais alguns. Ventava muito, o que fazia o pedalar um exercício mais pesado que o normal. A bicicleta não oferece muito conforto, você pedala na velocidade que ela deixa, com a ausência de marchas fica-se refém das limitações do equipamento locomotor. Estou acostumado a pedalar em estrada com bicicletas de 21 marchas, então hoje foi uma experiência interessante porque tanto na subida como na descida é ela quem resolve a velocidade. Tá, já falei isso, né?

O lugar dos embondeiros é bem vazio, não tem nada lá, nem casas. Como fui sozinho e queria tirar uma foto diante da árvore, programei a câmera para disparar dez segundos depois e corri até a bike. Tive que correr pois a distância que tenho que tomar para que a árvore caiba na foto é longa.

É meio circense o negócio! E eu tava crente que não tinha ninguém ali olhando a patacoada que era eu tirar essa foto. Mas eis que, quando vejo, tinha uma galera observando minha atuação! Lógico que todo mundo rindo pelo exercício que era fazer pose e bater a foto sozinho. Me senti meio ridículo e só de raiva fui visitar uma base militar. Lembrar os velhos e bons tempos de Tiro de Guerra... Ô, desgraça!!!

Lá fui para a base aérea. Antes mesmo de parar a bicicleta, o guarda da guarita já veio em minha direção oferecendo a mão, rindo e nos cumprimentamos como velhos amigos. Perguntei se poderia entrar, como quem não quer nada, e eles responderam que não sabiam. Houve um momento de debate entre eles, um deles estava interessadíssimo na câmera e dava pra perceber a vontade de que eu tirasse uma foto deles. Tirei uma, mos-

Gostei da placa e da estrada, mas é uma quentura que não acaba mais!

trei e disse que eles estavam muito bem na foto, tinha ficado "até bonito". Todos rimos e depois disso foi liberada minha entrada entre risos e apertos de mão efusivos. A galera aqui gosta de uma foto! E eu também!

É uma base parte abandonada, parte ativa. Eles disseram para eu ir só na parte abandonada. Eu fui, e depois fui um pouquinho mais além, sabe? Depois de andar um pouco de bike lá dentro e tirar umas fotos apareceu um cidadão com uma camiseta do Michael Jordan dizendo que eu não podia tirar fotos lá. Puxei papo sobre o Michael Jordan, o que não foi correspondido. Despedi-me dizendo que ia embora e que não sabia que era proibido tirar foto dentro de uma área militar.

Meio absurda minha justificativa, mas tá limpo.

Depois disso tudo, passei por Matema, um bairro antes da cidade de Tete. Lá encontrei a relojoaria local do Sr. Aleixo, onde adquiri um belíssimo relógio "Rolax platinum". Sr. Aleixo tem um serviço personalizado que cativa os clientes – tratamento VIP mesmo. A pulseira estava grande para meu pulso, ele parou as oficinas (sim, as oficinas no plural, pois Sr. Aleixo possui duas empresas, uma é a relojoaria e a outra é a cabelaria mais à frente) e fez com que meu relógio fosse ajustado ali mesmo, na hora.

Como não virar cliente?

Agora vou estudar!

Apreixes!

Ao som de Slayer – *Diabolus in musica*

DE ESCREVER

23 DE SETEMBRO DE 2009, 8:14

Escrever é bom. Mas às vezes precisa-se de um tempo para escrever! Não sei como acontece com quem é "escritor". Aliás, não sei como a pessoa se torna um escritor. Eu acordo e digo "hoje sou escritor", ou então "desde pequeno trabalho e estudo para ser escritor", não é assim, né!

Tem um monte de gente que se diz escritor e que escreve mal pacas! Por outro lado existem pessoas que não são escritores e que constroem textos magníficos, brilhantes... como eu, por exemplo!

"Monte de gente" não é uma figura de linguagem interessante!

Hoje aqui nem tá quente, mas bateu uma preguiça e tem feriado na sexta! Acho que ficarei em casa... mestrado, sabe? Tenho que acabar logo!

Dura a vida de um mestrando na África! Muito complicado escrever uma dissertação e administrar a convivência com leões, rinocerontes e guepardos... Sem falar das ameaças que as girafas representam, sempre com aquele pescoção, sabe-se lá do quê elas são capazes!

Tem um sujeito aqui no excriptorium que uma vez falou das girafas, e eu comentei que elas são elegantes. Agora, toda vez que ele vai falar de girafa, ele diz que elas são elegantes. E fica repetindo "elegantes e blá, blá, blá... elegantes e blá, blá, blá...". Acho que ele não tem outro adjetivo pra girafa!

Na verdade, o único bicho que vi até agora aqui na África foi lagartixa, igual a que tem no Brasil! Bruta vantajão!

Ah, vi um sapinho também, tava no banheiro lá de casa! Mas sapinho e lagartixa não configuram uma cena muito *wild*, né? Dá até vergonha de falar que veio pra África e viu um sapinho, melhor ficar quieto e deixar as pessoas pensarem que você lutou pela vida frente a rinocerontes, guepardos... e girafas elegantes!

É isso! De elegante, basta eu!

Há!

Aproach!!

Ao som de barulho do teclado

— Antiga alfândega. Vou começar um álbum de fotos de prédios públicos, vai ser uma sensação! Como diz Nelson, o Rodrigues, vende mais que Chicabon no verão carioca! —

FERIADÃO

24 DE SETEMBRO DE 2009, 14:23

Amanhã é feriado aqui em Mountainbike, então vamos para Beira, uma cidade portuária que tem umas praias bonitas. Dizem que a estrada é pouco boa, ou muito ruim. Mas compensa encarar qualquer coisa pra mudar de ares. Logo na sequência vou pra Maputo ver umas coisas de trabalho, e depois vou para dez dias de Brasil.

Na segunda ainda tem uma visita a Incondetzi e a Angonia, dois povoados a uns 250 quilômetros daqui. Dias corridos pela frente!

Hoje não vou falar nada da África, não!

Fui!

Ao som de Hüsker Dü

À BEIRA DA MALÁRIA

28 DE SETEMBRO DE 2009, 14:31

Tô com malária! Mas já tá tudo ok, fiz o teste e fui atendido pelo médico da empresa que disse que se eu tomar os oito comprimidos duas vezes ao dia, por quatro dias, mais uma cartela de antibiótico e um líquido lá que ele passou, em cinco dias fico bom.

Agora descanso em meu lar. Mas dá um febrão que..., meu amigo! Aqui malária rola mesmo, não tem jeito, perguntei para a empregada aqui de casa se ela podia passar um tipo de Baygon em meu quarto todos os dias, para matar o pernilongo. Ela respondeu que malária não vem do pernilongo, não. Perguntei, então, de onde vinha, e ela respondeu que os médicos falam que é do pernilongo, “mas não é não, meu filho!”.

Tão tá!

Iniciei para ela, na cozinha, um longo discurso sobre a ciência e sua evolução no século 20, a medicina e todos os avanços tecnológicos, que terminou em um monólogo solitário e meio febril para a garrafa d’água em meu quarto.

Ela nem tchuns pra ciência!

Fui fazer o exame hoje cedo num posto de saúde local. Vou pular essa parte, acho que não merece ser descrita. O médico que me atendeu foi super gente fina, atencioso, mas é engraçado ser assistido por alguém que fala com sotaque lusitano. “A pressão exxxtá 5 por 8 PÁ!!”

Para se ter uma ideia de como isso é normal aqui, amiga minha perguntou antes de eu vir pra casa o que eu tinha, disse que malária, ela respondeu “Ah... malariazinha!”. Agora além do protetor solar vou ter que usar repelente todo dia, dilíça!!!

Uma das coisas que ajuda no tratamento é quinino, então o médico me receitou tomar água tônica. É bom, aí eu aproveito e coloco umas gotinhas de gim e passo o dia todo com uma taça na mão, andando pela casa, vestindo roupão de seda, tomando Gim Tônica. Se alguém reclamar respondo que estou em tratamento! Ordens médicas!

Fui à Beira, cidade interessante. A arquitetura tem muito de modernismo. Também tem muçulmano pra caramba, e eles fazem um barulho desgraçado. Dormi pouco lá, os sintomas da malária começaram a aparecer quando lá estava. Mas, gostei, tem uma praia muito bonita, a uns cinquen-

A caminho do mar

Uma *beer* e um *fuck you* pra não esquecer do rock'n'roll!!!

Esse lugar é gigante. Há pessoas no rio, mas acho que não vai dar pra ver!

ta quilômetros, que chama Savania, bem legal. O interessante foi guiar seiscentos quilômetros país adentro, deu pra ver outras regiões e lugares diferentes. Tirei poucas fotos, fui em grupo (não gosto de viajar em grupo) e ninguém tava afins de perder dez minutos no mercado da cidade ou então vendo um prédio diferentoso.

Nadei no Oceano Índico. Legal, né?

Mas volto lá!

Agora vou ficar aqui com o mestrado, que vai ter uma arrancada rumo à linha de chegada, UÊBA!!!

Fui!

Ao som de Mulatu Astatke

SAINDO

02 DE OUTUBRO DE 2009, 9:00

Saio da malária e retorno a um mundo menos febril. Ainda tem umas febrinhas, mas, perto dos primeiros dias, é refresco, é chazinho com bolacha, é mamão com açúcar.

Tem mais um amigo aqui do escriptorium que pegou a tal malária. Acho que a nova tendência da moda primavera-verão deveria ser os tons amarelados de pele que a doença proporciona. Haveria uma corrida de modeletes de plantão para serem mordidas pelo mosquito. Haveria um comércio ilegal de pernilongos causadores da doença no submundo da moda, todos sedentos por ingressarem no último grito, no novo suspiro que é a tremedeira do paludismo.

Aqui tem muito cego andando pela cidade. Perguntei a um amigo moçambicano qual o motivo e ele disse que tem uma bebida feita de maçanica, uma planta local (não estou certo disso, não lembro o nome direito). É um destilado forte, é a pinga local, só que na hora da fermentação eles colocam tudo que é possível dentro do tonel: pilha, bateria usada, quadro de bicicleta, pedaço de pneu. Dizem que fica mais forte. Só que causa cegueira. Mas o povo mais *roots* bebe mesmo assim, e fica cego. E continua bebendo!

Agora por conta da malária tenho uns bons meses longe dos copos. Você sara da malária, mas existe um longo caminho de recuperação. Cumprirei à risca.

Domingo aqui é feriado de novo, mas eles acham que feriado que cai no domingo não vale, então transferiram o feriado pra segunda... Ô, beleza!

Ao som de Kai Winding

MUZUNGO, MUZUNGO!!!

05 DE OUTUBRO DE 2009, 16:53

Tudo bem que eles não conhecem tatuagem e eu tenho as duas pernas desenhadas. Tudo bem que eu sou o único estrangeiro andando de bicicleta pela cidade, ainda mais com um modelo de bicicleta local. Vi dois engenheiros da empresa aqui andando com umas mountain bikes modernosas, meio Robocop, mas nem me aproximei pra conversar, passei com minha Hunter modelo africâner e tudo bem! Ainda usei a campainha estilo trim-trim pra azucrinar mais a cabeça dos dois!

Mas eu tô meio de saco cheio de andar na rua e ficar ouvindo "*Muzungo!!! Muzungo!!!*" e as mulheres rindo alto e apontando em minha direção. Parece que você está vestido com uma roupa muito ridícula e é motivo de chacota de todos. E eles riem mesmo, na cara dura. No fundo, eu que sou o diferente e tenho que me adaptar ao que me rodeia, e não o contrário. Essa necessidade colonizadora de deixar o ambiente de chegada com sua cara desconfigura e impossibilita qualquer chance de troca real de conhecimento. Viva e coma como o local, aí sim!! Essa é a diferença entre o turista e um viajante, eu acho. O turista leva seu mundo aonde quer que vá, o viajante aceita o mundo aonde vai.

Voltando a Moçambique. *Muzungo* é como os negros chamam os brancos. Dizem, não sei ao certo, que é uma denominação dada aos portugueses e que significa vagabundo, ou aquele que não quer trabalhar. Mas conversando com o Ricardo, um brother moçambicano, ele contou uma longa história pra dizer que não é isso. Mas ainda acho que é! Às vezes, eles falam "*Azungo!*", que é a mesma coisa.

Fui no matadouro da cidade, estava fechado. Vou voltar lá durante a semana. Sempre à procura de locais agradáveis para visitar!

Essa semana vou a Maputo, a capetal do país, vai ser uma lambança de alto calibre, quero só ver! Tenho muito trabalho por lá!

Aqui os homens têm o costume, quando são amigos de verdade, de andar de mãos dadas nas ruas, às vezes só com o mindinho... Ah, que gracinha, né! Dois marmanjão com dois metros de altura cada um de mão dada, ah vá!

Dias atrás estávamos eu e uma chefa do excriptorium na frente da Marilina esperando um povo chegar e passou por nós um chinês e um negão de mãos dadas, olhando torto pra gente. Dois brancos de óculos escuros... acho que chamava a atenção ali.

Olhei pros dois e falei: "AH!!! Olha proceis, mó *freak* aí meu, de mão dada!!!".

Falei porque sabia que eles não iam entender nada, como de fato aconteceu. Ficamos rindo um bom tempo disso!

Tem também o costume de, ao convidar um amigo para vir à sua casa, você divide a cama com ele. Tô fora! Agradeço a oportunidade, mas mantenho, nessa parte, meus costumes. Vô dormi agora com negão de conchinha, ah vá!!!

Tem também a "carga", mas disso aí eu tenho até medo de começar a falar. É mais ou menos assim. Se você anda meio cabisbaixo, desgostoso da vida, deprê, sentindo vontade de ouvir Roupa Nova e não sabe de onde isso vem, é porque você precisa de uma "carga". Ela consiste em dar a bunda pro seu amigo que vai ejacular dentro de você, assim você ganha toda a "energia" que precisa pra continuar a vida em alto-astral. O esperma tem significado de potência e energia aqui, tanto que muitas mulheres mais simples recusam o uso de preservativo por impedir o contato com o esperma masculino, que supostamente dá energia à mulher também. Todas essas informações foram recolhidas através de troca de informação verbal, nem começa a me azucrinar falando: "Aaaaaahhhh então tomou uma carga hein!!??". Tô fora!

A malária foi embora, graças a Jah!! Agora é cuidar e muito repelente pra não pegar de novo, ô troço ruim!

Acho que encontrei o cara do chinelo amarelo de novo, dessa vez tirei uma foto na surdina, antes verifiquei a presença de guardas. O proprietário do chinelo não me reconheceu.

É isso aí!

Ao som de Ministry – *Psalm 69*

MAPUTO

10 DE OUTUBRO DE 2009, 13:10

Hey! Ho! Let's go!

Fui a Maputo.

Grandiscoisa!!!

É uma cidade grande, com todos os problemas que Moçambique tem. A vantagem é que tem uns lugares em que se come bem. E eu aproveitei! Mas fiquei numa correria desgraçada atrás de todas as coisas que tinha que fazer. No fim, quando eu ia a uma ilha ali perto passar o *weekend*, amanheceu um dia chuvoso e fechado, então peguei o avião de volta e vim pra Moatize, onde está um calor infernal e um sol de rachar.

Lá em Maputo tive a agradável experiência de ser abordado pela polícia local.

Fui jantar em um restaurante próximo ao hotel e percorri o caminho de táxi, visto que havia uma grande área desprovida de construções onde gatunos perspicazes poderiam abordar transeuntes desavisados como eu e interpelar por algum bem de valia para si.

Esperto que sou, fui, como a Angélica, de táxi. Não levei minha mochila visto que eram apenas três quadras, então meu passaporte no hotel ficou.

Na volta, ainda de táxi, o veículo é parado por três policiais fortemente armados de fuzil que pediam meus documentos. O hotel estava a cinquenta metros, dava pra ver o prédio. Disse ao gentil cavalheiro que meus documentos estavam no hotel e que poderia buscá-los e mostrar que minha permanência no país estava devidamente autorizada e gozava de caráter legal. Ele disse que era impossível me deixar buscar o passaporte e pediu para eu descer do táxi. Na sequência, pediu para mostrar o que tinha nos bolsos: cartão de crédito, balas, dinheiro pouco, celular e um remédio pra alergia. Ele me disse que teria que verificar se aquilo era mesmo um remédio, poderia ser droga. Tudo isso envolto em muitas indiretas do tipo "Você gasta em dólar?", "Você usa euros?" – eles queriam dinheiro. Disseram que eu iria para a *esquadra* (delegacia local) e que dormiria lá. Respondi que tudo bem, não temia, pois estava certo que não tinha feito nada errado. Na verdade, eu tava cagando de medo de ir pra delegacia, mas fiz cara de gringo frio, dizendo o tempo todo: "Tudo bem! Eu tenho suporte da empresa e da embaixada, podemos resolver isso!". Dez minutos em pé na calçada com o táxi esperando e os policiais falando que poderíamos resolver ali mesmo, eu fazendo cara de desentendido. Até que os belezoca de fuzil cansaram e disseram: "Pode ir!".

Entrei no táxi e fui! A corrupção aqui é regra, quando fui ao Malawi passamos por uns seis postos de polícia, em todos o motorista da van deu dinheiro!

Mas no fundo dava pra ver que eles estavam também temendo um pouco, havia muita hesitação deles, nessa hora se você fica firme e se impõe, eles cedem... Às vezes, pode ser que sim, mas pode ser que não! Vai sabê!

Fui!

Ao som de The Residents

MAIS UM POUCO SOBRE O VIVER EM MOATIZE

12 DE OUTUBRO DE 2009, 18:51

Algumas pessoas me perguntam se aqui tem cinema, ou se tem mercado, ou se é mesmo como um acampamento, então vou dar uma panorâmica sobre a vida material que me rodeia.

Entretenimento como cinema não tem, o antigo que havia na época dos portugueses virou igreja, mas devia ser bem bonito quando ainda em funcionamento. A cidade tem seis ruas asfaltadas e uns restaurantes de sul-africanos que fazem uma carne decente, uns barezinhos maizomeno pra tomar umas *beers*, e os ambientes moçambicanos mesmo, tipo barraquinhas, que são os mais interessantes, no fim das contas.

Viver aqui tem seus contratempos, afinal, o país é pobre e carente em muitos aspectos, quase todos. Mas os brasileiros gozam de boa estadia. Algumas pessoas me perguntam sobre isso. Moramos em uma confortável casa construída pelos portugueses. Eles foram expulsos com a revolução e deixaram uma boa base construída, algumas dezenas de casas no estilo modernista, belas linhas e grandes cômodos, agora com ar-condicionado em todos os lugares, pra aguentar o calor local.

Tem guarda na porta de casa, segurança é bom. Temos carros à nossa disposição, caminhonetes Ford Ranger novinhas, com combustível *free*. A internet é lenta, mas funciona bem o suficiente. A cidade tem uns quatro mercadinhos que trazem comida e produtos da África do Sul, tudo importado dos EUA e da Europa, então dá pra comer chocolate e tomar chá inglês, ao mesmo tempo em que o sabonete vem de Portugal. Produtos moçambicanos só o básico mesmo tipo sal, açúcar, óleo etc. A carne bovina não é lá essas coisas, tem o frango local que bem assado até que passa. Fora isso a cerveja é Amstel ou Heineken, se bem que as marcas moçambicanas Laurentina e 2M não deixam nada a desejar.

O trabalho, no meu caso, com educação e cultura, é bastante interessante. Visitar e conviver com essas pessoas é uma aula todos os dias, dá uma chacoalhada no cidadão e você começa a ver que tem coisas muito mais importantes. Às vezes em Sumpaulo a gente esquece disso. Além de possibilitar conhecer lugares em que o turismo convencional tipo Stella Barros nunca chegaria, até porque eu não me enfio em turismo de agência nem fodendo! Tenho o privilégio de conhecer esses lugares, sempre pensei em vir pra África, mas jamais chegaria aqui, esse lugar não é nada turístico de um ponto de vista convencional, mas é o melhor lugar que eu poderia vir, penso eu! Lógico que os contratempos são muitos e fortes, tem a malária, tem a dificuldade em realizar o que é proposto, tem a burocracia local etc. Mas em qualquer lugar do mundo há contratempos. Bom mesmo é não ter barreiras dentro da cabeça da gente, né?

Anúncio em Maputo, pensei em uma consulta pra dor nas costas que não me larga mais... Às vezes ele resolve o pobrema!

Tomara que com esses escritos esteja conseguindo pelo menos mostrar um pouquinho do que é o viver moçambicano, se dar bem e se dar mal aqui. A saudade de quem a gente gosta existe, a vontade de tocar bateria e andar de bicicleta tranquilamente também, o desejo por um pastel de feira e garapa nem se fala então. No entanto, viajar e viver em outro país é isso também, é se privar de tudo o que tem por hábito, senão, qual o motivo de vir aqui pra esse fim de mundo?, seria mais confortável ficar em casa com tudo isso de que agora sinto falta. Mas daqui a pouco a volta acontece e dá pra colocar tudo em dia, inclusive lembrar como era a vida aqui, e sentir falta das dificuldades e coisas que agora parecem tão ruins. No fundo, nada é tão bom, nem tão ruim assim que mereça ser mantido ou negado, depende de como se compreende o viver e a própria existência.

Eu gosto de rodar por aí! Tem tanta coisa legal pra ver! Vale à pena!

Ao som de Alice in Chains antigão

BALANÇO DO TEMPO

12 DE OUTUBRO DE 2009, 11:39

If nothing's right, what's wrong?

Use seu tempo pra se divertir, é um bom lema!!

Vou pro Brasil quarta-feira, fico dez dias, ôôô beleza!!! Depois volto pra cá, daí só volto pra Brasil ano que vem!!

Fui parado pela polícia de novo, dessa vez foi de dia. Tinha um caminhão estacionado, fazendo da calçada um corredor, vi os polícias vindo e

— Esse é um rio que está seco, mesmo assim as mulheres cavam uns buracos e dali tiram a água. É a única fonte —

Bairro perto da cidade, esqueci o nome, mas é o esquema típico dos ambientes afastados do centro

Embondeiros e as casinhas, parece cenário de filme! Bonito pacas ao vivo... Preciso aprender a fotografar direito!

tava na cara que eles iam me parar e fazer todo aquele lengalenga de pedir documentos e etc. e tal. Então, naturalmente fui embicando para mudar de calçada. Na hora em que eles perceberam minha sagaz intenção um lá deu um grito de HEY!! Fui até eles. A mesma conversa fiada de sempre, documento, dessa vez estava com o passaporte, e revista a mochila e esvazia o bolso, tudo isso permeado de perguntas do tipo "Deixou os dólares no hotel?". Dessa vez encasquetaram com a câmera fotográfica, fizeram um escarcéu dizendo que estava perto de área militar e que não podia tirar fotos ali. De fato tinha um quartel bem perto. Mas argumentei que a câmera estava dentro da mochila e que não tinha tirado foto do quartel. Mas não adianta, a câmera passou de mão em mão. Tinha uns seis policiais, achei que iam sumir com ela, mas pedi de volta e mostrei as fotos que tinha tirado. Me liberaram, meio a contragosto! Não dou dinheiro pra policial nem a pau!

Apreixes!!

Ao som de Dub Side of the Moon

CHANGES

13 DE OUTUBRO DE 2009, 18:01

Tenho dez dias no Brasil, mas primeiro falaram que eu não ia mais pro Brasil. Depois disseram que eu ia, mas que tinha que ser dia 14 e que iria direto.

Por mim, ok!

Depois disseram que ia ser verificado.

Por mim, ok!

Agora decidiram que eu vou dia 17, mas que tenho que ir dois dias antes e dormir uma noite em Maputo.

Por mim, ok!

Contanto que eu viaje um pouco, eu vou pro inferno se me pedirem. Mas resolve de uma vez, pô!!!

Acho que nesse dia em Maputo se tiver sol vou pra ilha de Inhaca, que de nhaca não tem nada, é um lugar lindo, só vi fotos, mas tem vida marinha abundante e parece que se come um peixe bom por lá! Vamo vê, se tiver sol eu vou, senão vou num cassino que tem em Maputo, arriscar uns meticais na roleta, no *black jack* e, por que não?, no carteado, hein?!

Vou nada! A grana tá no fim e preciso comprar uns *dollars* no *Brésil*.

O dólar tem dois tipos de cédulas, as antigas em que a cabeça do presidente é pequena e as novas em que a cabeça é grande. Aqui, sei lá por quê, eles só aceitam as cédulas dos cabeçudos. Se você tenta pagar com as antigas eles não recebem, no Malawi também. Então tem que ir à casa de câmbio e pedir dólar cabeçudo se for vir gastar por essas bandas.

Por que será que tem que ser cabeçudo? Será que eles pensam que... xápralá!! Ah, e se você for trocar uma nota de cinquenta dólares é uma cotação, mas se der duas notas de vinte e uma de dez a cotação é menor, perguntei por que e eles responderam:

– Sim, sim, obrigadinho... Estou a compreender, pá!! *(leia com sotaque lusitano)*

Aqui é normal isso, você faz uma pergunta e eles respondem uma coisa nada a ver. É porque não compreenderam a pergunta e respondem qualquer coisa.

Uma vez perguntei ao motorista:

- Sr. Emídio, falta muito pra chegar?

- Muito obrigadinho, Rafael, estamos juntos!!! *(estamos juntos é tipo um "né", quando no fim da frase você diz "né", buscando a compreensão do seu interlocutor)*

Dólar cabeçudo, passagem trocada, dia em Maputo, né!

Tô levando um monte de camisetas escrito "Fui pra Moçambique e lembrei de você!", vou distribuir pra umas pessoas aí!!

Abrazos!

Ao som de Blue Cheer (sonzêra, mano!!!)

TUDO FICANDO VERDIM...

28 DE OUTUBRO DE 2009, 16:34

MAAAAAA OEEEEEEEE!!

Hoje voltei de fato a Tete. Depois de uns dias de Brasil, o que fez um bem danado, porém, não deu pra ver todo mundo que eu queria.

Chego em dia de eleições presidenciais. O candidato do partido Frelimo que está no poder faz 30 anos será reeleito. Achei que ia chegar em um país tumultuado e barulhento, mas não, parece mais um domingo quente em Tete mesmo. O voto não é obrigatório, mas é feriado mesmo assim. Quem vota tem o dedo pintado com tinta azul que só sai da mão dias depois, tipo carimbo. As campanhas ficam suspensas três dias antes das eleições, então fica tudo calmo mesmo.

Uma pena!

Achei que ia ver algo do tipo "Revolução africana!", leões na cidade, lanças e tambores em punho, girafas besuntadas em xilocaína, pigmeus de tanga e aparelho ortopédico... Que nada! Fui no posto de gasolina, comprei uma Sparletta (refrigerante sabor vermelho) e foi só isso que aconteceu. Estou com fuso de lugar algum, logo estou "confuso".

Há, essa foi boa! Veia, mas boa!

Não tenho nem o horário do Brasil, nem daqui. Como diz a arquiteta-urbanista-gracinha Patzand: "Não sei nem a hora que tenho fome!".

Mas foi legal voltar, posso dizer que senti uma "saudade relativa" dessa terra quente.

No check-in de ida ao Brasil, na fila do aeroporto de Tete, estava atrás de mim um sujeito com seis fuzis. Normal, né? Tentei tirar uma foto escondido, mas se alguém visse podia dar um quiprocó danado.

Normal, né!

– O senhor vai despachar ou vai levar o fuzil como bagagem de mão?

E as árvores estão ficando todas verdinhas, é a umidade chegando. Chuva mesmo, nada até agora! Faz tempo que não vejo água de cima pra baixo a céu aberto. Só no chuveiro mesmo.

Falous

Ao som de Desmond Dekker (ska dos bons)

Esse era de suco de uva natural, pelo menos dizia no rótulo, mas depois de quatro refrigerantes você começa a sentir menos sabor nas coisas

QUENTE

30 DE OUTUBRO DE 2009, 9:23

Aqui a parada é quente, mano!!

Pode parecer repetitivo.

E é repetitititititivo!!

Mas aqui é quente pacas! Ontem tava um forno, você saía no sol e sentia o couro torrando. Couro torrando me lembra torresmo, que me lembra virado à paulista, que é bom pacas, e que me lembra que eu não posso comer nada disso por conta da malária e suas respectivas sequelas. Agora estão mais calmas, bem poucas, uma caimbrazinha aqui, uma dorzinha de cabeça de doze horas ali, coisa pouca. Por conta disso no mês de outubro eu tirei sangue sete vezes. Depois da quinta vez quando a enfermeira vinha com a agulha eu já falava "Obaaaaaa, vamo tirá sangue hoje!! Sanguê, sanguê, sanguê!!". (Leia essa última parte como um coro igual o final de "Parabéns a você". Aquela hora do "rá, tim, bum, fulanô, fulanô" e não fulano, mas sim "fulanô"! Neste caso não é sangue, mas sim "sanguê!", ênfase no circunflexo.)

Houve eleições presidenciais aqui nessa semana, hoje de manhã na rádia ouvi o seguinte diálogo:

– E o senhor, como observador das eleições, faz o quê?

– Como observador meu trabalho é observar!

– Perfeito, e ao observar o que relata?

– Relato tudo aquilo que vejo!!!

Não é lindo? Sensacional! Contei pro meu amigo moçambicano esse diálogo mal conseguindo falar porque eu tava rachando o bico de rir e ele ficou sério, olhando pra mim, perguntando com cara de quem tá pensando o-que-esse-branquelo-pensa-que-tá-fazendo-aqui, e me diz com um olhar *blasé*:

– O que tem de engraçado nisso?

Bom... acho que meu senso de humor não orna com o local.

E mataram um escorpião no banheiro de casa.

Grandiscoisa!

E daí? Era um merdinha de um escorpião, menor que uma barata, mas fizeram um escarcéu danado. Tudo maricas esse povo!

Fim de semana vamos para o Songo, na represa de Cahora Bassa. Dizem que lá tem hipopótamos e crocodilos, Oxalá os veja! Dizem também que lá não se pratica a natação devido à convivência pouco pacífica com a fauna local. Vamo lá vê o que que pega!

Hoje vai ter frango no almoço. Pra variar. Tem frango todo dia, pô!, daqui a pouco vai começar a nascer pena na galera!

Grande abraço a todos!

Ao som de Primus – *Antipop* (discão esse aqui!)

SONGO

02 DE NOVEMBRO DE 2009, 7:27

Fui pro Songo, fica a uns duzentos quilômetros daqui de Moatize. Lá fica a hidrelétrica de Cahora Bassa, que represa o rio Zambeze e forma um grande lago, muito bonito, com pedras e montanhas e cores e texturas.

É legal falar texturas porque ninguém sabe muito bem como definir isso e fica aquela impressão de texto sofisticado, coisa de designer-videomaker-artista plástico. Mas foi legal pacas! Ficamos em um *lodge*, como eles dizem por aqui. Nada mais é que uma pousada metida à besta, um monte de quartos espalhados pela floresta, tudo separado e à noite é uma escuridão danada.

De manhã, cedinho, alugamos um barco e fomos dar uma volta na represa, que é bem grande. Lá tem hipopótamos e crocodilos, além do *tiger fish*, que é um peixão com dente grande e bem bonito. Chegamos pertinho dos hipopótamos, que é um bichão grande pacas. Eu acho bonito, tem gente que não gosta. Pra mim, ele é lindão! Só que é agressivo e eles tomam muito cuidado nesses passeios. Se bem que o esperto do piloto da lancha desligava o motor quando chegávamos perto dos bichos, eu pensava "Pô! Se tiver que sair correndo e esse motor começar a tossir pra pegar?". Sabe aquela coisa do motor ficar tóinhóinhoínhóinhói e nada de pegar? E o bichão lá vindo, e o motor tóinhóinhói. No final, deu tudo certo. Crocodilos não vimos, estavam todos em um congresso de odontologia que está acontecendo em Maputo. Só tinha um lá pequetitico assim, que pulou pra água quando chegamos perto dele.

Foi legal! Gostei. E lá no *lodge* tinha uns lagartozinhos *coloreds* bonitões.

Lodge parece Dodge.

E claro que eu, *mucho macho*, nadei na represa. Perguntei ao guia se dava pra nadar e ele disse que ali onde estávamos não, mas que ele ia me levar pro meio do lago e que lá eu podia "pular na água e voltar pro barco rápido!" – palavras dele que foram ditas enfaticamente. Respondi que beleza, fazendo um sinal de positivo! Daí fomos pro meio do lago e pulei na água, só que o viado do guia não estacionou a lancha totalmente e ela deu uma andadinha pro lado sabe! O que fez com que eu ficasse mais distante dela. Confesso que deu um medo danado. Eu ia nadando para a lancha e ela ia ficando mais longe de mim. Não foi assim muuuuuuuito legal isso, sabe? Fiquei alguns segundos dentro d'água e nadei rápido ao encontro do barco. Ele disse que crocodilo fica no fundo do lago e que ali onde estávamos era muito fundo, então era menos provável de eu estar perto de algum. Teoricamente é um bom raciocínio, mas de bermuda dentro da água você não pensa muito nisso não, você quer mesmo é voltar pro barco.

De volta ao barco me senti o Tarzan e depois fiquei chamando todo mundo de maricas porque eu nadei e eles não!

Da próxima vez vou levar uma faca entre os dentes! *Wild!!*

Abrazos!

Ao som de Ron Carter

Veja que na placa o desenho é de uma mulher trabalhando. Aqui são elas que cuidam da roça, ou *machamba*, segundo a denominação local

A família Hipo, *tutto buona gente*!! Um hipopótamo que chegou perto da lancha. Bonitão esse aí!

Eu praticando a modalidade "natação em pânico", tô ficando craque nisso!

Tudo deu certo, então uma cerveja era merecida!

HÁ SOUGUES!

04 DE NOVEMBRO DE 2009, 14:54

Quando você não entende alguma coisa tem que falar:

- Não estou a perceber!

E não: "Não entendi!".

Quando vai a algum lugar tem que dizer:

- Estou a vir!!

E não: "Estou indo!".

Acho que tô ficando com um leve sotaquezinho portuga. E quando você quer dizer que mandou o e-mail para alguém, você diz:

- Mandei para si!

E quando você quer comer bem, você cozinha em casa mesmo!

E quando você tá com calor, fica com calor mesmo.

E tinha um sujeito aqui agora há pouco que se chamava Sr. Sabão. Isso é sério!

Hoje de manhã troquei o pneu da caminhonete. É estranho porque o carro é grande, mas o macaco é pequetitico que só! Tem um macacozinho assim ó, é quase um sagui hidráulico!!

Há! Essa foi boa!!

Eu tinha um carro popular no Brasil que tinha um macacão e a caminhonete daqui tem uma porcaria de um macaco. Suei a camisa, mas troquei! Acho que foi um pouco do jeito-caipira-de-ser que faz com que trabalhos práticos devam ser realizados sem pestanejar. Tipo serrar tábuas, pregar alguma coisa etc.

E hoje vi um açougue ambulante, era um sujeito com um carrinho de mão, vendendo uma perna de boi. A vantagem é que você pode escolher o corte. Só que a carne não tem uma conservação muito boa. O carrinho fica às moscas. Não porque não tem cliente, mas pelas moscas mesmo. Há, mais uma, hein? E o cheiro é bem convidativo... às moscas!!

Há, mais uma!

E quando você escolhe o corte ele pega uma machadinha e PRAW!!! Sei lá se machado faz esse som, mas ele corta e pesa na sua frente!! Claro, né? Onde mais poderia ser? Tem até uma balança. Isso foi bonito de ver!

É isso aí!!

Ao som de Slayer - *God hates us all* e de Ronnie Von - *A misteriosa luta do Reino de Parassempre contra o Império de Nunca Mais*

RODAMUNHO E AFINS

05 DE NOVEMBRO DE 2009, 13:23

Muito quente esta terra.

Fui a Maputo uns tempos atrás e fiz contato com umas ONGs, várias instituições, organizações e afins. Quando não sei como terminar a frase coloco um "afins", ou então um "como vocês sabem bem...", é batata! Espeto! Como dizia Nelson Rodrigues: uma mulher trai "como quem come um Chicabon!", gosto dessa comparação. Aqui não tem Chicabon.

Aqui nem tem sorvete!

Sala de aula da escola Samora Machel. É utilizada diariamente, não está abandonada!

Ando ouvindo dub pra caramba, tem a ver com o ritmo quente da região. Como tá seco pacas, não chove desde agosto, é comum ver rodamoinhos. Minifuracões. Microtempestades de areia. E quando você olha pro lado tem um tufo de areia subindo. Acho que "tufo de areia" nem existe, mas tá valendo!

E esses furacõezinhos são grandes, ficam mais altos que postes. Mas aqui eles não têm a simpática e folclórica figura do Saci, que dizemos viver dentro desses rodamoinhos. Eles acham que é o capeta que tá lá dentro mesmo. E se você passar no meio de um, Jah Elvis! Capeta dentro de você pro resto da vida!

Ontem de carro tinha um rodamunho vindo em direção à estrada, eu acelerei e passei bem no meio dele. Atravessei o rodamunho, mas foi de carro, então acho que atropelei o diabo. Ué, ele tava no meio da estrada, na contramão ainda, e dirigindo aquele rodamunho que deve estar com o IPVA vencido. Segundo dizem, ele não é lá muito boa pessoa, não deve andar com os impostos em dia e tals! É a profissão dele, né? Um jeito satânico de ser. Semear a discórdia, plantar o mal e regar a cizânia com carinho são suas atividades diárias. Assim como tomar um Chicabon. Lá no inferno é quente, será que tem Chicabon?

Será que eu tô no inferno?

Voltando às organizações, ONGs e afins, eles falam com você uma vez e no segundo contato te tratam como velhos amigos.

– Hey, Sr. Rafael, como estás? Foste ao Brasil, viste a namoradinha, hã hã? Como está Tete? Muito quente, tens que vir a Maputo. Ah, aqui há de gostar, ô pá! Obrigadinho!

– ... ééé, aquela lista de preços que te pedi...

– Tás a ver. O que fizeste no Brasil, conte-me lá, ô pá! Êêêpáááá! O Sr. Rafael deve aprontar muita coisa no Brasil!! Diz aí, ô pá, estamos juntos!! Ishhh yôwê!!

E nada de a lista chegar! Mas são simpáticos e comunicativos, isso melhora o trabalho em alguns pontos. Veja bem, eu disse, "em alguns pontos", como vocês sabem bem!

Fui!

Ao som de Rockers All Stars

Símbolo da vila de Moatize

BOROMA E ENERGIA ELÉTRICA

08 DE NOVEMBRO DE 2009, 16:04

Domingo de manhã sempre falta luz.

De tarde também.

E se acaba a luz, a água acaba junto, porque ela só fica disponível dentro da casa através de uma bomba que é ligada sistematicamente para suprir as necessidades dos moradores. Foram os portuga espertões que fizeram uma casa com a caixa d'água no nível do chão, assim você sempre vai precisar de uma bomba. E aqui eles não falam luz, e sim energia. Então é assim, domingão sem energia, você acorda não tem água pra tomar banho, escova o dente com água mineral e vai pra rua com ramela nos zoio procurar algum lugar com gerador pra tomar café da manhã. Isso tudo num calor de 38 °C às 10h30 da manhã. É uma gostosura!

Mas nesse domingo fiz um esquema diferente. Programei de acordar às cinco da manhã, assim ainda pegava o último suspiro de energia, e sair de carro rumo a Boroma, um povoado a uma hora daqui que tem uma igreja que os portuga construíram (os mesmos da caixa d'água no nível do chão).

Fiz isso, mas quando acordei às cinco já não tinha mais energia. Maravilha! Saí e fui caçar a estrada pra Boroma, foi fácil! Uma horinha, um pouco menos e eu tava lá! Muito bonita a igreja e o internato ao lado. Tudo malconservado, mas ainda funcionando. Assisti a uma missa católica em nhungue ou inhungue ou ynhungwe, como preferir. Esse é o idioma local, totalmente incompreensível para mim, não tem nenhuma semelhança com o português.

No início a igreja foi enchendo e ninguém sentava no meu banco, até que ficou eu sozinho no banco e todo mundo apertado nos outros, daí veio uma criançada e sentou do meu lado. O padre fez o sermão em nhungue e depois resumiu em português olhando para mim, prestei atenção e acenei positivamente com a cabeça. Só eu ali não falava nhungue, então foi muito gentil da parte dele, não acham?

Um espetáculo à parte é a música e as danças da missa. Tambores e chocalhos com um canto muito harmonioso e bem executado. Gritos que lembram o candomblé e uns passos de dança bonitinhos executados pelas garotas adolescentes. Tudo na medida certa, muito bom gosto tem esse pessoal. Aliás eu gravaria um disco deles se tivesse uma gravadora, ou um gravador. Tirei umas fotos. E fiz uns vídeos meio escondido.

Depois dei um rolê pelos prédios e fui ver uma nascente de água quente que fica lá no meio do nada. Saí com o ministro que estava celebrando a missa e ele me mostrou o caminho. Pra que água quente num lugar como esse? Um sol fortíssimo torrando o cerebelo e eu lá enfiando a mão numa mina de água quente... Pensei bem e vi que tinha alguma coisa errada ali. Isso não pode estar certo! Entrei no carro e fui embora tomar tônica com limão e bastante gelo.

Amanhã vou voltar lá com uma brasilerada que quer ver o potencial arqueológico da região. O engraçado é que vêm os deslumbrados, que nunca saíram do escritório, e viram pro habitante local e dizem:

– Gostaríamos de estar verificando os *stakeholders* para acionarmos o *budget* de nossos PV da central com os parceiros que fazem o *link* com todo sincretismo cultural Brasil-Moçambique-Brasil e porque não Moçambique de novo!!!

E o moçambicano que mora lá no meio do nada e viu carro duas vezes na vida olha pros almofadinha de brinquinho, vestido de Indiana Jones, de sapatênis, com cara de quem não quer aquele povo ali não! Eu gosto do meu país, mas tem uns brasileiros aqui que proporcionam vergonha alheia!

Agora voltou a força, a luz, a energia!

Apraças!

Ao som da trilha sonora do filme *Ed Wood*

Meninas bonitas na missa em Boroma

FUI PRA BOROMA DE NOVO!

10 DE NOVEMBRO DE 2009, 7:58

Fui pra Boroma de novo!

Tá bom que lá é legal e tem árvore vermelha, mas duas vezes na sequência não dá, né meu? Mas fui!

Dessa vez passei uma hora e pouco no bar que fica aos pés do morro onde tá a igreja. Presta atenção na fachada do bar.

Se pudesse eu morava nesse bar! Coisa fina, diz aí!! Agora presta atenção nas pinturas da parede do bar! Decorado com imagens que promovem um estilo de vida virtuoso! A gilete no fim é uma pérola!

É isso aí!!

Abrazos!

Ao som de Boswell Sisters

Presta atenção na cara da comunidade ouvindo conversa de branquelo aguado!

BIKES

11 DE NOVEMBRO DE 2009, 19:35

As bibicletas.

Demorou pra falar delas. Aqui bike não é só pra passear. Tampouco pra ir no Ibirapuera manter a forma de bolota, a barriga de chopp. Muito menos pra desfilar o último modelo com 57 marchas, freios com pastilha de cerâmica desenhados pela Nasa e amortecedores que aguentam até nove toneladas. (Por que alguém precisa de um amortecedor numa bicicleta que aguenta nove toneladas? Por que alguém precisa de um relógio que aguenta até trezentos metros debaixo da água? Se você estiver a trezentos metros debaixo da água e precisar saber as horas, tu tá bem enrolado, meu brother!) Aqui o modelo de bicicleta é um só, e as marcas são Hunter (eu tenho uma), Hero e Windsor. Mas é tudo bem parecido. É a mesma bike com poucas mudanças. A bicicleta é dura, pesada, rude, forte, não tem precisão e tem que ter perna e ser alto pra andar. Como eu sou muito macho, isso tudo não é problema, pedalo numa boa. O único porém é o calor que torra o ser humano.

O transporte público aqui são as *chapas* que merecem um momento dedicado só pra elas. No entanto, as bikes suprem totalmente a necessidade de transporte das pessoas.

As estradas são longas e quentes. Bota quente nisso! Mesmo assim todo mundo caminha por elas levando o que tem que levar.

Fui em um ensaio de dança *mafue* de três bairros juntos. Tinha que pegar um micro-ônibus, buscar as mulheres das duas comunidades e levá-las a uma terceira para lá ensaiarem.

Encontro de bikes na estrada, no meio da conversa ele arruma a cordinha do bagageiro

Foi bem divertido, conversamos bastante e algumas eu até já conhecia. Elas cantam o caminho inteiro dentro do ônibus e me homenagearam cantando meu nome. Consegui filmar meio torto, vou tentar editar e colocar na internet. Foi muito emocionante ouvir aquele coro alto, forte e agudo falando meu nome do jeito deles, cantando com uma alegria única, foi bem divertido mesmo. Tinha a líder de um bairro que me pedia as coisas e dizia no fim da frase:

– Precisamos de *kapulanas*, meu querido!!!

Quando ela falava o "meu querido" todas as outras mulheres riam muito alto e tudo virava uma bagunça, eu respondia:

– Vou providenciar, minha querida!

Tudo ficava barulhento de novo.

Muito bom isso tudo. Mesmo com todas as adversidades possíveis, o bom humor imperava naquele ensaio.

Lembra do Sr. Sabão? Ele é o motorista do nosso ônibus.

Falous!!

Ao som de Grant Green

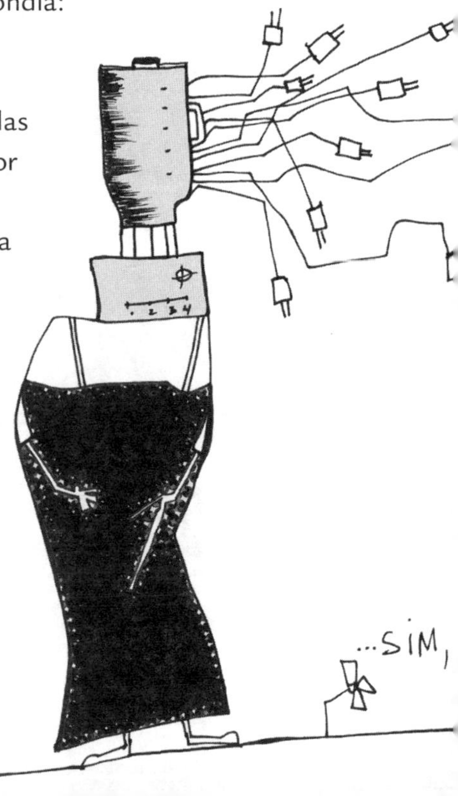

— Sem bicicleta vai
tudo na cabeça mesmo!
Tem um filho nas costas
da mulher, dá pra ver?
Notem o tamanho
do chinelo do menino —

— A necessidade
dos bens faz as pessoas
caminharem bastante.
Quando não tem bike,
vai na cabeça —

ARGENTINA E CHILE

11 DE NOVEMBRO DE 2009, 20:54

Aqui é quente! Acho que já disse isso umas vezes, né?

Já tive oportunidade de ficar em lugares bem secos. Em 2008, atravessei os Andes de bicicleta. Fui de Mendoza (Argentina) até Santiago (Chile) de bicicleta. No meio tem um morrinho que se chama Andes e, meu amigo, a coisa ali é da pesada. Quando saí de Mendoza em direção a Santiago, perguntei a um argentino qual era o melhor caminho para chegar até o pé dos Andes. Ele respondeu que tinha dois jeitos, um pela estrada normal de asfalto e outro pelo parque de Vilavicencio, que segundo ele era muuuuuuuuuuito mais bonito. E lá fui eu! Só que o parque que o argentino %&*$#%$@% me recomendou é um deserto, seco e muito alto. Acho que nunca amaldiçoei tanto assim uma pessoa, foi muito difícil subir as montanhas do parque de bicicleta, pois o chão era de rípio (que é uma mistura de terra com cascalho ou seixo), o que torna o pedalar mais pesado ainda, e a altitude tira seu fôlego.

Mas depois que cheguei no topo foi bem legal, tinha uma vista muito bonita e dava pra ver o Aconcágua e tudo mais que o rodeia. Depois fui pedalar lá na Patagônia, mas isso é outra história. Antes disso eu cruzei os Pirineus (entre a França e a Espanha) de bicicleta, mas também é outra história!

Ao som de Evan Lurie – *How I spent my vacation*

Vai aí umas fotos das pedaladas... Se desse viajava só de bicicleta, muito melhor!

CHINTALI E OS TAMBORES AFRICANOS!

13 DE NOVEMBRO DE 2009, 8:02

Aqui tudo quente!

Vou repetir isso até o dia em que o clima fique mais ameno. Vai demorar!

Ontem choveu pela primeira vez!

Foi incrível!

Foi sensacional!

Foi fantástico!

Foi um chuvisco de nada que nem molhou o chão!

Mas tá valendo! Antes de chover estava quente, perto dos 41 °C, daí veio aquelas nuvens todas e levantô um poeirão do chão e, e, e... o céu ficou um pretume só e daí caiu uns pinguinho d'água. Depois voltou aquele sol que castiga o peão.

E isso tudo aconteceu no ensaio de *chintali*, uma dança deles aqui. Fui de novo buscar as mulheres em dois diferentes bairros, dessa vez elas cantaram pouco dentro do ônibus. Mas foi bom porque tinha muita percussão e isso particularmente me agrada.

Depois fiquei quase duas horas esperando o ônibus retornar para poder levar todo mundo embora. Inclusive eu. Como fiquei bastante tempo na comunidade, depois de uma hora ninguém mais queria me seguir ou ficar me olhando. Tornei-me mais um "local", o que permitiu fotografar à vontade sem incomodar as pessoas, tudo de maneira bem discreta.

Tinha uma casa com um som bem alto, isso é comum nas comunidades. Fica um tipo de DJ colocando som pro bairro. É algo como os *sound systems* jamaicanos, mas o som é um funk eletrônico que eles gostam aqui. Bem dançante... E todo mundo dança. Todo mundo mesmo – as crianças, os véinho, os adolescentes, é bem legal! Tinha uma senhora de uns 60 anos aparentando ter 90 que levantou e dançou um funkão numa boa.

Aqui a dança com o rebolar e tudo o mais não tem o mesmo sentido sexual que se entende no Brasil, é natural, não tem problema nenhum, não tem vergonha, nem pudor porque é tranquilo, é inocente.

Bonito de ver!

No fim do ensaio estavam lá os tambores jogados num canto e eu fui ver de perto. Veio um senhor e disse:

– Esse é o tambor africano e que se toca assim ó... *(e mandou ver um ritmo interessante)*

– Muito legal... Posso tentar tocar?

Todo mundo riu porque o "branco ia tocar tambor". Modéstia à parte, foi tarefa simples para este que vos escreve, meu passado sentado diante de uma bateria permitiu não só reproduzir o ritmo deles como dar uma improvisada no final, pensei "ah é, segura essa então!!!" e, PÁ TUM PRA TUM TUM TUUUUM PRA CLÁ TUM PRA etc. e tals!!

Todo mundo riu e no fim nos abraçamos. Mas depois o senhor que veio conversar comigo no começo ficou olhando de revesgueio!! Gostou muito, não!

Apraços!

Ao som de Intronaut

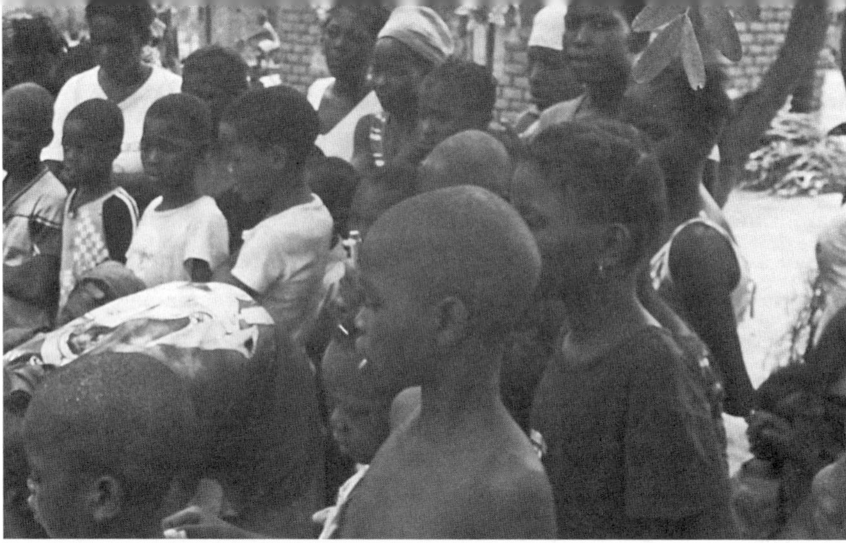

Mesmo nos ensaios das danças o público era grande e animado

Diferentes configurações de ensaio, às vezes tambores no meio, às vezes no canto, sempre muito interessantes!

CABELOS

14 DE NOVEMBRO DE 2009, 11:05

Notei que os cabelos aqui seguem modelos bastante peculiares.

Normal, né?

No Brasil, tem chapinha, luzes e outros modelos mais que não sei bem, pois homem de verdade não entende de cabelo. Homem que é homem entende de futebol e de mecânica. Às vezes, veja bem, eu disse "às vezes", vai no barbeiro e diz "corta!". Pronto, não fica de nove horas com o assunto, não.

Mas tenho notado que por aqui as mulheres usam cortes curiosos. Vou apresentar alguns hoje.

O corte mais comum é o denominado "cabelo bandido", porque quando não está preso, está armado. Há, essa é boa, hein? Mas é real.

Tem outro muito interessante que é o "bolotas", como poderão verificar na foto.

Outro corte interessante é o que me lembra um rapper dos anos 90, o Coolio, ou outro rapper paulistano, o Sabotage. Anteninhas... Tem as trancinhas, bastante utilizadas...

As mulheres vão na casa umas das outras e passam o dia a trançar o cabelo!

Tem também as pessoas que não têm cabelo, então elas compram. Há um mercado de cabelo artificial nas banquinhas da rua e da beira da estrada, elas aplicam numa boa e todo mundo sai feliz. Mas algumas não contentes usam perucas mesmo, como a da foto. Tem uma garota que trabalha lá no escriptorium e ela era meio carequinha, sabe? Então, de um dia pro outro, aparece a Margarida lá toda pimpona com um cabelo preto meio Chanel, olhei bem de perto e não deu outra: peruca das braba! Falei nada, né? Quem sou eu pra criticar a peruca alheia? Por mim, tá limpo!

Os homens são carecas em sua maioria, mas sempre tem uma meia dúzia de moleque desocupado que faz umas trapalhadas no cabelo, mas desses aí eu nem vou falar!

Depois fui falar com a criançada, o que sempre vale a pena por aqui!

Falous!

Ao som de Bill Frisell

— Sir Frão —

Pequenas antenas: fica bem nelas!

O nome resume o penteado – bolotas!

Certeza que é peruca nervosa essa aí!!

NOTÍCIAS DO ÁTOMO

15 DE NOVEMBRO DE 2009, 13:33

Sempre quente e rodando em volta do núcleo.

Fui no Why not! Um dos restaurantes administrados por sul-africanos aqui em Tete. Lá tem um *ribs* decente, mas hoje comi uma lasanha de carne. Domingo achei que seria de bom-tom uma massa, já que frango tem todo dia. Um frango inteiro aqui dá meio do brasileiro. Eu como um frango inteiro aqui numa boa, eles são pequenininhos, parece uma codorna gigante. A codorna, então, é do tamanho de um sabiá.

Nunca comi aves silvestres, sou contra essa onda de carnes exóticas. Sujeito de uma hora pra outra quer comer tamanduá, por que ele não vai comer a perna de alguém ou o braço de outro ser humano? É tudo carne, ué! Mas as instituições informais vetam a possibilidade da antropofagia. A não ser dar umas mordidinhas na namorada, aí pode! Aí é até de bom-tom, se não fizer tem alguma coisa estranha!

Mas a venda de carnes no Kuatchena (mercadão popular local) é um caso à parte. Não consegui ficar muito tempo ali nas barracas porque tem mosca pra caramba, aquelas verdonas, e o cheiro é muito forte. Aliás, o mercado fica sobre um antigo lixão. Acho que as fotos dizem um pouco sobre como é o lugar.

No Brasil temos o Fernandinho Beira-Mar, o Marcola etc., aqui o bandido mais perigoso chama Anibalzinho. Você levaria a sério a ameaça de alguém que chama Anibalzinho?

– Sequestramos sua família e queremos o resgate, aqui é o Anibalzinho, ô pá!

Ou então:

- Parece que vão matar todo mundo!!

- Quem disse?

- Anibalzinho... *(tensão no ar!)*

Até aí cada um tem a bandidagem que merece. Mas o clima aqui é muito pacífico. Hoje mesmo fui no mercado de Kuatchena de novo e me enfiei lá no fundão e é bem tranquilo. Saquei a máquina numa boa e fotografei a parte do açougue, o povo até posou pra foto. Foi sossegado.

O mercado é um labirinto, mas organizado por seções. Todas as barracas de material elétrico estão no mesmo lugar, as de roupas idem e assim por diante. Lá você encontra de tudo. Tudo mesmo, até coisa que você não quer encontrar.

Agora vou estudar, tá tudo atrasado aqui!

Falous!

Ao som de Jaco Pastorious

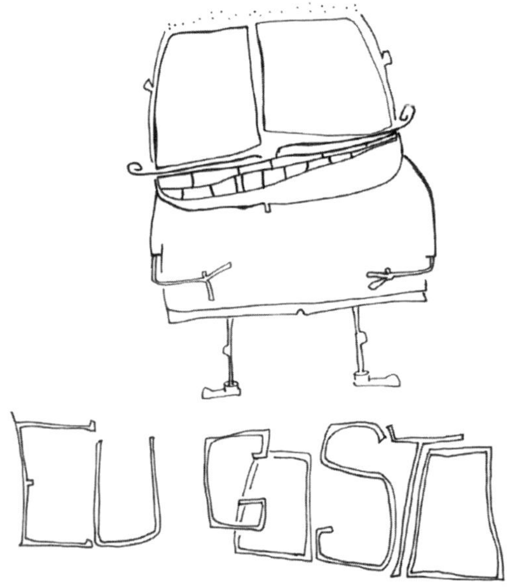

Embaladas a vácuo e sem contato manual

SEO BENTO

16 DE NOVEMBRO DE 2009, 12:01

Quando estava no ensaio de dança *chintali* semana passada, o ônibus demorou pra chegar e levar as pessoas embora, então ficamos ali umas duas horas de bobeira... ...e eu tirando foto de tudo, igual turista japonês. Digo isso com todo respeito ao turista, ao japonês e aos que tiram foto de tudo. Mas não era sobre isso que ia falar... Tem o Seo Bento, que é quem ajuda a organizar os ensaios e traduz para o nhungue tudo o que tenho que falar com a população dos bairros, ele é do governo e trabalha com a parte de cultura e tals.

Resumindo: estávamos eu e Seo Bento ali de bobeira, ele sobre sua motoca e eu tirando a trigésima foto do mesmo embondeiro, quando Seo Bento diz:

– Precisava tirar uma foto de minha moto...

– Pô, Seo Bento, demorô! Monta nela aí que a gente registra agora!!

– Mas bom mesmo era se eu andar com ela, né?

– Então passeia aí que vou fotografando!

O resultado foi o *book* do Seo Bento a seguir. Vou imprimir as fotos e entregar para ele. Muito gente fina o cidadão!

Aprazos!

Ao som de Manu Chao

Fazendo contatos!

Em movimento! Seo Bento e a motoca!

Grande sujeito esse Bento, simpatia de pessoa!

UM DIA

18 DE NOVEMBRO DE 2009, 16:57

Ameaçou chover... ...mas só ameaçou! E o dia começou...

Fui para uma comunidade comprar palha, mas não lembro o nome

Buraco, o miniboteco. Voltando para cidade, as barracas vão aparecendo

E o dia acabou

SÁBADO

21 DE NOVEMBRO DE 2009, 17:22

Hoje é sábado e eu fiquei de preguiça praticamente o dia todo. Saí de bike pra comprar umas frutas, agora é época de manga e elas estão bem perfumadas, vale a pena comer algumas. Fui a Mussacama de novo e encontrei o pessoal da Kasupe Jazz Band, que fez uma apresentação rapidinha. Um *pocket show*. E conheci a Graça. Ela realmente é uma graça. Hoje não está tão quente mas já avisaram que amanhã vai faltar luz das oito da manhã às seis da tarde. Aguardemmmmmm!

Percebi que como muita coisa Halal. Aqui tem muçulmano pra caramba e boa parte do que compramos tem esse selo Halal. Mas na mesquita eles não me deixam entrar, né? Eles comem peixe, mas, assim como os judeus, não comem porco. Uma pena! E não comem animais com garras como leão, urso e também animais considerados repulsivos como moscas e baratas. Até aí não precisa ser muçulmano pra não querer comer mosca e também não me recordo de saber de gente que comeu carne de leão... Mas, vá lá! Gostaria de meio quilo de leão moído, vou fazer panqueca hoje e me dá um quilo de patinho de urso!

Fui comprar uns CDs na única loja que vende material de informática aqui, que é de uns chineses, óbvio. O engraçado é que eles falam português com sotaque lusitano. Parece filme de terror Z. Um chinês na África falando com sotaque lusitano, eu ri, foi inevitável, parecia dublagem, aquele sotaque não poderia sair de um chinês de verdade. Tá... foi mal, mas foi engraçado! Na volta uma molecada me seguiu, eu virei e dei uma dura neles, daí olhei pro lado e tinha um povo mais velho olhando sério pra mim, não era um olhar de reprovação, mas também não era de aprovação. Eu me piquei dali!

Fiz um frango hoje que ficou bom pacas, não estava repulsivo, tinha garras pequenas, mas com azeite, hummm! Ah! E foi comprado no mercadinho do indiano-com-pele-roxa-xarope-mal-humorado. Tudo Halal. Ele só da risada na hora em que você mostra o dinheiro, antes disso parece que tá com malária! Coisas que essa estadia me proporciona. Eu avisei, mas não me escutaram e deu no que deu! Quando voltar ao Brasil, vou morar uma semana numa churrascaria. Não é que vou lá comer, vou morar lá. Vou acordar e o café da manhã vai ser picanha, baby beef e mais um pedacinho de costela. Sempre bom comer fibras!

Falous

Ao som de Entombed

Ela chama Graça, supersimpática. Não fala português, mas conversamos bastante!

DIVERSÃO

27 DE NOVEMBRO DE 2009, 8:29

Quando apareceu a ideia de fazer um blog, coloquei para mim mesmo algumas diretrizes que deveria necessariamente respeitar. Uma delas era a de não cair na arenga de ficar falando mal de Moçambique, depreciando um país que tem muitos e graves problemas. Não ficar explorando a desgraça alheia. Então, quando fico meio de bode desse lugar não escrevo nada. Acho melhor assim. Nos momentos em que digo algo que parece negativo, é porque é negativo, ué! Todo lugar do mundo tem pontos positivos e negativos. Posso ficar muito tempo falando dos pontos negativos de São Paulo e do Brasil... ...e dos positivos também!

O ciclo é mais ou menos assim. Você chega e tudo é uma grande novidade, tudo realmente é novo e interessante, até as adversidades e dificuldades são encaradas com interesse. Porém, passado algum tempo, o novo deixa de ser novo e as adversidades se tornam adversidades mesmo. E aqui, "mái friende", o que não falta é adversidade.

Se você morar em Paris na primeira semana vai achar linda a torre Eiffel, vai ficar olhando pra ela por uns dez minutos de boca aberta, babando na gravata!

Na segunda semana vai ver e falar "... ó a torre lá!".

Na terceira vai ver a torre... e só!

Na quarta nem vai ver a torre e depois de uns dois meses vai falar "... ó a maldita da torre lá, um monte de ferro torto, nem tem farol, pra que que serve? Então fura logo a porcaria do poço e vê se tem água debaixo dessa torre!!!". Aqui não tem torre.

Tem muçulmano pra caramba e suas mesquitas.

Se fosse um Mussum Mano ia ser "mesquitis!".

Vou embora de Mótrambique daqui a pouco e se tudo der certo ainda ando um tanto pela África antes de voltar ao Brasil.

Piada local:

– Você vai morar em Moçambique? Em Maputo?

– Não.

– Então você está nuMaputa roubada!!

É, acho que ando um pouco cansado!

Férias que vem, Oslo!!

Falous

Ao som de King Tubby – *Dub From the Roots*

— Eles não deixam eu entrar na mesquita!
Não adianta, já tentei! —

THE CREAM

01 DE DEZEMBRO DE 2009, 9:41

Ando por Maputo.

Vim ver umas coisas e cuidar da minha coluna que anda mal das pernas. Se no Brasil eu sou um estudante-de-pós-graduação-classe-média-durango aqui eu sou o consumidor AAA, a classe mais abastada, *the cream*. Somos nós, os brancos gringos que vão aos restaurantes mais caros, mas aqui plenamente acessíveis para nossos ganhos. Somos nós que compramos o que há de mais caro. Não dá pra comprar helicóptero, mas não há preocupações financeiras.

Fui ao hospital público central de Maputo. Não era exatamente o que tinha em mente. Então como a medicina realizada no sistema de saúde público não é a mais avançada, saí à procura de médicos particulares e acabei por indicação no bairro que concentra as embaixadas de muitos países. Lá me consultei com um brasileiro já bem naturalizado, até sotaque lusitano tem, e por indicação cheguei no Dr. Sheng, chinês que é médico oficial da Presidência da República. É ele que atende ao Chissano, ex-presidente de Moçambique, e outros figurões locais. Me senti o Collor!

Sheng é acupunturista e fala português muito mal. Quando no consultório cheguei, tinha um muçulmano de uns três metros de altura junto comigo pra ser atendido, com aquela roupa típica que parece um pijamão. Sheng mandou nós dois entrarmos num quarto com duas camas e disse apontando "Tira ropa, deita!", eu nem tinha aberto a boca ainda, nem tinha dito o que tinha. É curioso estar na África e ser atendido por um chinês com uma figura estranha do teu lado, se bem que ali o estranho poderia ser eu aos olhos deles! O cara é ninja! No fim das agulhadas ele me deu um potinho com pílulas verdes e disse “Toma dois todo dia!”. A consulta foi assim, e eu acordei bem melhor.

O bom da China e dos chineses serem muitos e estarem espalhados pelo mundo é que você encontra acupuntura em todo lugar, e isso pra mim é bem bom!

Agora vou para a massagem, feita por chinesas!

Estou sem o cabo da câmera, então vou mandar outro desenho!

Fiquem bem!

Se cuidem!

Apreixes!

Ao som de Boswell Sisters

(Indicação do Sr. Moralez)

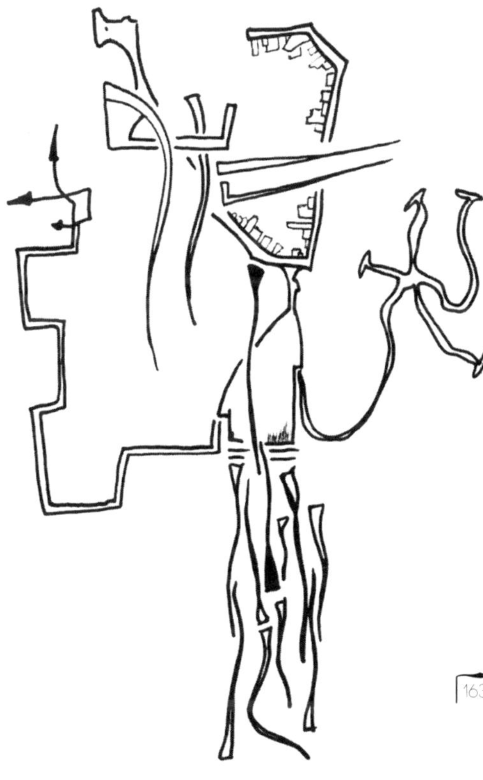

MALA

03 DE DEZEMBRO DE 2009, 16:45

Amanhã volto a Tete depois de uma semana em Maputo. Aqui foi o de sempre. Correria! Fiz muita acupuntura com Dr. Sheng e massagem com os outros chineses. Tudo bem e melhorando!

Comprei uma mala pra levar algumas coisas ao Brasil e ao chegar no hotel percebi que ela era pequena. Voltei lá no outro dia e tentei trocar, o que não aconteceu. Aqui, comprou, tá comprado. Saí batendo o pé como de costume, mas pisando meio de leve porque a coluna não permitia eu pisar tão forte no chão assim. Só de raiva fui em outra loja, entrei e comprei uma mala que achei que era "bem maior" que a outra. Ao chegar no hotel e comparar percebi que elas são idênticas, exatamente do mesmo tamanho. Fiquei uns dez minutos em choque e falando baixinho pra mim mesmo "Tu é muito burro, rapá!", depois começei a xingar e praguejar como de costume!

Amanhã comprarei uma mala maior. Só não sei o que fazer com as outras duas!

Ainda estou sem o cabo para passar as fotos da câmera então colocarei outro desenho!

Vocês já assistiram a filmes indianos cheios de dança e tals? Aqui passa muito isso, tenho visto! É engraçado, divertido! Aqui tem indiano pacas, eles dominam o comércio, meio máfia o negócio! Não gostam de fotos, pelo menos é a impressão que tenho.

No mercado estava em frente à prateleira de produtos indianos, uma minifarmácia que tinha de tudo. Eu procurava por algo para dor muscular tipo Gelol. Geralmente esse tipo de remédio da medicina mais popular funciona. Como tudo estava escrito em indiano, pedi a duas mulheres que ali estavam para me ajudarem a entender as embalagens de dois óleos vermelhos com rótulos coloridos. Só pelos rótulos já valia a pena comprar. Elas faziam o tipo “donas de casa” e foi um bom papo, o sotaque do inglês delas era típico dos indianos. As duas de burca só mostram rosto e mãos tatuadas com henna, muito bonito, lindo! Queria pedir pra fotografar e dizer que os desenhos nas mãos eram lindos, mas não fiz nada disso, acho que a reação aos elogios não ia ser bem recebida e a microamizade-fast-food que se estabeleceu por alguns minutos no mercado seria abalada com um pedido de foto. Tornaria aquilo um momento de deslumbre *freak* e as duas em objeto de curiosidade. Agradeci e me despedi!

Mas pelo menos elas me ajudaram, estava prestes a comprar um óleo de passar no cabelo achando que era remédio para dores musculares. Os dois são vermelhos!

Fui a um restaurante ontem e pedi um parmegiana e uma salada de agrião. O garçom ficou sério olhando pra mim com cara de quem não fala aquele idioma, que não entendeu nada. Esperei uns quinze segundos e disse “Traz um frango mesmo, vai!”. Nesse momento o garção saiu de seu estado de paralisia e começou a anotar o pedido! Dureza!

Vou comer umas bananas!

Abraços!

Ao som de Bar Kokhba Sextet

AEROPLANO

05 DE DEZEMBRO DE 2009, 16:27

Voltei a Tete na sexta-feira. Como todo mundo vai pra capital no fim de semana e volta na segunda, o fluxo de passageiros de Maputo pra cá é pequeno nesse dia, então o avião que eles colocam é bem pequenininho... Praticamente uma Kombi com asas. Eu me sentiria mais seguro numa Kombi, porque ela está no chão e só precisa de freios, já o avião... Tinha massa corrida na fuselagem! Você entraria em um avião com massa corrida?

Ele era pequetitico assim!

Quando o vi na pista comecei a rir de nervoso. Dava pra ver a cabine dos pilotos e na hora da decolagem os dois seguraram juntos, com as mãos uma sobre a outra, aquela alavanca que acelera o avião. Foi um momento carinhoso entre os pilotos, os dois decolando a Kombi de mãos dadas. Mas fiquei pensando se eles não estavam em um momento meio Thelma & Louise e tals... Mas não alimentei as minhocas de minha *head*! Na verdade, esse deve ser um procedimento de decolagem, né? Se um desmaiar de emoção por ter conseguido levantar voo com a Kombi, o outro toma a direção e vai todo mundo junto pro Ceasa (citação à música do Premeditando o Breque).

Apreizes!!

Ao som de Public Enemy – *Fear of a Black Planet*

SEGUNDA É BRABA EM QUALQUER LUGAR!

07 DE DEZEMBRO DE 2009, 12:28

Aqui a segunda-feira começou braba.

Segunda é braba em qualquer parte do planeta. Deve ter um chinês reclamando da segunda numa fabriqueta de fundo de quintal lá em Qiong Shin. Nem sei se existe essa cidade, acabei de inventar o nome. Mas tem tanta cidade lá que deve ter alguma com nome parecido com esse.

Aqui a ponte que temos que atravessar para chegar no escriptorium está em obras e demorou a abrir passagem, uns quarenta minutos. Depois a energia acabou umas cinco vezes na sequência, o que fez com que o computador ficasse naquele liga-não liga-liga-não liga, por fim deu pau e agora tá tudo bagunçado.

O almoço foi uma droga! Feijão ralo, com arroz frio e um frangote feio de ver, salada de beterraba e pepino, suco quente e laranja azeda de sobremesa!

A pasta de dente acabou e ainda são duas da tarde!!

Quando que isso vai acabar?

Bom, tenho mais duas semanas de Moçambique, depois "munto no porco" e vou pra África do Sul e se tudo der muito certo, depois Tanzânia e aí não sei mais de nada!

Abraço!

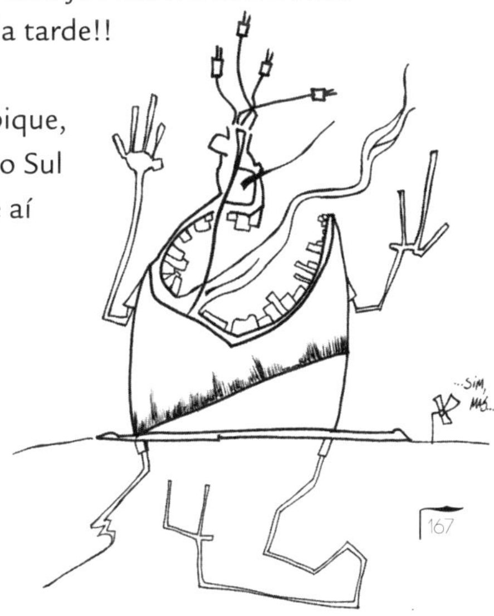

MOCHILA DE CABRITO

07 DE DEZEMBRO DE 2009, 15:15

Aqui eles levam cabritos pra tudo quanto é lado. Eles e o gado são um símbolo de status social. Assim como no Brasil as pessoas mais materialistas olham o carro importado da pessoa e a julgam pela marca, aqui quanto mais cabrito e boi você tem, mais playboy você é!

O interessante é que mesmo com um grave problema de fome as famílias muitas vezes não tiram o leite ou abatem e comem esses animais, eles servem apenas para manter o grau de importância do pai diante da sociedade, já que são extremamente machistas e só o homem tem vez, voz e viva voz no celular. É contraditório, mas assim o é!

Gostaram do “assim o é!”, hein? Tenho meus momentos.

Os cabritos são transportados de todas as formas possíveis. Uns pastoreiam, outros levam debaixo do banco das chapas (a lotação local), outros na garupa da bike e alguns são mais destemidos, sagazes, intrépidos...

Ao som de Johnny Cash – *American IV: The Man Comes Around*

MAIS CABRITO!

08 DE DEZEMBRO DE 2009, 19:15

Hoje na ponte fiquei atento e registrei o transporte de cabrito de bike em outra modalidade. Coitado dos bichinho, né? Sofre pacas! Mas não dá pra exigir muita coisa deles aqui.

Tá tudo ficando verdinho por aqui. Choveu pacas e não demora nada as árvores e plantas aparecem com folhas e tudo fica mais bonito. Muitas plantas que vejo aqui encontramos também no Brasil. Não sei o nome, mas reconheço as folhas e os caules e coisa e tals! O flamboyant está presente e bem vermelho! Mas de árvore grande só o embondeiro mesmo. Vou registrar eles verdinhos e com flores pra vóismice vê!

Si sunsse num quizé é só num vê!

Ah... tem outro modelo de mochila de cabrito, mas essa é modelo bicho *post-mortem*.

Tem também o cabrito ensopado, frito, com molho e na brasa, mas esse é outro assunto que deixarei para um momento mais gastronômico. Transporte de cabritos é um assunto de grande relevância, vale a pena gastar algumas horas de seu dia pesquisando, lendo e escrevendo a respeito!

Chega de cabritos! Prometo que não vou mais ficar tirando foto deles em situações vexatórias. Isso constrange toda a família Cabrito. E eles são pessoas queridas, cidadãos de bem! Penso que os cabritos deviam estar mais presentes em nossas vidas, ainda mais nessa época de fim de ano, quando nos presépios de todo o Brasil eles lá estão, ornando a cena do nascimento do menino Jéza!

A falta de assunto faz a gente escrever muita bobagem!

Queria mesmo era ir num show de metal daqueles bem desgraçentos mesmo! Saudade da boa e mal tocada música pesada brasileira! Tem a bem tocada, mas eu prefiro a mal tocada!

Mas eu acho mesmo é que o Prince (aquele cantor, sabe?) deveria ser o nosso próximo presidente do Brasil. Bom, se ele não arrumar a economia e os problemas da educação e da saúde, pelo menos o Brasil seria um país mais FUNK! WOW!

Falous

Ao som da trilha sonora do filme *The Good, the Bad and the Ugly* (filmaço!)

Lotação máxima: dois cabritos

CHUVARADA!

09 DE DEZEMBRO DE 2009, 19:16

Hey!

Então, como disse uns dias atrás, choveu pacas aqui! Vi na internet que em São Paulo também choveu muito, mas lá alaga e aqui um dia depois já tá um poeirão danado!

Uma vez, em Londres, conversando com um inglês sobre a chuva torrencial de que ambos nos escondíamos debaixo de uma marquise eu disse:

- Much rain hã!!!

- Yes... ...it's good weather... ...for ducks!! HAHAHAHAHAHAHA

E ficou rindo um bom tempo da própria piada! Daí ele olhava pra mim e dizia "For Ducks! HAHAHAHAHAH!", e eu pensando quando que a chuva ia passar pra eu me picar dali! Humor inglês, né?

Por coincidência conheci outro gringo aqui hoje, americano, que se orgulhava de ter ido caçar na Zâmbia. Dizia todo feliz que tinha atirado em leão, elefante, girafa... Por que que ele não atira na mãe dele, né? Fala pros filhos saírem correndo e manda bala nos moleque, deve ser emocionante! Por que ele não atira em si próprio? Não estamos vivendo um momento de autoconhecimento, muito livro de autoajuda, Paulo Coelho (ou Pablo Conejo, em español) e coisa e tals? Então... atire em você mesmo e seja feliz!

Voltando à chuva que cá caiu, isso fez a paisagem mudar deveras. E os rios não são diferentes, porém, eles não ficam verdes, mas sim cheios de água, que é o que se espera de um rio. Uma árvore convencional fica verde e um rio enche de água, o contrário pode ser um pouco bizarro, mas não

— Aqui ele é bonitão, tem os galhos em fractais! Esse é bem grande! —

— Depois da chuva semanas atrás ele ficou assim ó. Verdim... Chega brilhá os zoio da gente!! Notem que é a mesma árvore, vejam a construção à direita —

menos interessante, certo!? Antes para ter acesso à água os habitantes dessa comunidade tinham que tirar do buraco.

Dureza, hein?

Vou lá comer um rango de frango pra variar um pouco!

Falous

Ao som de Emicida – *Pra quem já mordeu um cachorro por comida até que eu cheguei longe!*

E o rio que eu não sei o nome estava assim: desértico! Esse dia tava ruim de peixe, peguei nada!!

Depois da chuvarada: alegria coletiva! Essa foto lembra até os corgo d'água do Barbado lá em Cruzália!!!

PRODUTO(R)

12 DE DEZEMBRO DE 2009, 12:47

Aqui tudo anda bem!

Prometi não falar mais de cabritos, mas eis que ao acordar hoje me deparo com vários deles aqui em casa mesmo, então não posso deixar de especular mais um pouco sobre o assunto. Uma amiga que mora aqui em casa comprou uns cabritinhos para levar sei lá pra onde! Fui ter com os mesmos, são tranquilos e falantes!

Um deles subiu na cadeira e ensaiou um discurso, ele disse "béééééééé béé béééééééééééééé!" e olhou pra mim!

Depois de passar bons momentos com os cabritos fui consertar uma camisa com o Sr. João, costureiro de mão cheia. Aqui costurar é um trabalho só de homens, as mulheres vão todas pra *machamba* (roça) carpir e cuidar do trabalho pesado!

O Sr. João trabalha no mercado de Kuatchena e lá tem muitas barracas de roupas usadas que são enviadas por entidades de países já desenvolvidos. Acho meio canalha isso, mas tá limpo. Tem um lado curioso: por causa dessas roupas à venda, a juventude das comunidades mais afastadas não querem mais usar as roupas locais, com as cores e tudo o mais que faz do vestir moçambicano e africano algo tão peculiar. Mas isso acontece em todo lugar, né? No Brasil também, com os índios e a perda da cultura oral deles e de tudo o que os envolve, é normal de acontecer.

As bancas de roupas usadas daqui são chamadas de "calamidades". Dizem que é um nome que deram às barracas de roupas vindas de carida-

— Ninguém deu muita atenção ao discurso, as mesmas velhas promessas de sempre!
Depois foi a vez de esperar em fila pela vez de falar! São animais organizados e democráticos os cabritos! Todos tem sua vez...
Mas esperar pela vez cansa!
Senta que lá vem a história! —

de durante o tempo de guerra civil, da revolução. Comprei várias camisas nestas barracas.

Sei que vocês devem estar pensando que o cara vem pra África e fica tirando foto de cabrito, mas que que cê qué?

Que eu levante de manhã com uma lança, mate um gnu, tire o couro dele no dente e depois vá desenhar na parede da caverna???

Péralá né, meu!

Mas semana que vem estarei na Tanzânia. Como diz Silvio, o Santos, AGUARDEMMMM!

Lá tem bicho pacas!

Enquanto isso a galera local passa bons momentos rachando lenha pra poder ter fogo pra janta!!

Ô diliça!!

Apreixes!

Ao som de Mastodon

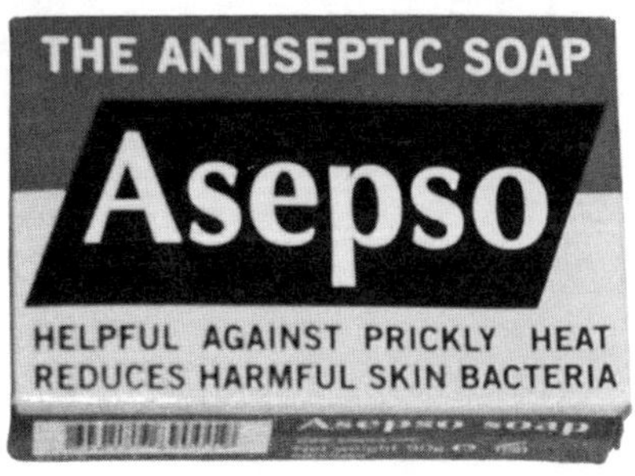

O sabonete parece embalagem de bateria de carro. É forte, hein!? Mata todas as bactérias e se bobear te mata também. A outra embalagem convenceu a adquirir, é um tipo de massa acredito! E o nome é bom: "vermicelli" parece algo com vermes e tals!

BICICLETAS MULTIUSO

Vou registrar os diferentes usos da bicicleta aqui. Quando o pessoal tem bike dá pra levar cargas, pessoas e tudo o mais que precisar. Pode também rolar uma carona, ou boleia, como dizem por aqui! Levar lenha é normal, esse está carregando pouco. Ou pedalar livre mesmo. Só você e a bike!

Uma bicicletaria local

O guarda Belo

CACHORROS

Nada como interagir com a cachorrada malawiana! Nada de stress!

Ensaio de *chintali*

As pessoas se reúnem para ver.
E foi juntando mais gente.
Daí a dança e o som começam
e é uma alegria coletiva muito
boa de ver e de estar perto.
Emocionante mesmo!

Uma espera animada para o ensaio de dança começar, pena eu não falar nhungue pra poder entender o papo que ali rolava

NA IGREJA

Padre Inocêncio na hora do sermão. E o Black Jesus!

PLACAS E PLANTAS!

13 DE DEZEMBRO DE 2009, 17:44

Hello, crazy people!

Aqui tudo em paz como manda o Satanás!

Novesfora, o tempo anda rápido, e o trabalho também! Fui nessa loja fazer o serviço e correu tudo bem. Pegamos o de cor verde e o amarelo que tem peças sobressalentes. Tem que ajustar com tecido pois o sistema rejeita outros tipos de material e não colocar muito sal, sempre de olho no azimute. Como vocês podem perceber no letreiro da loja eles trabalham com o mesmo sistema que temos no Brasil, mas aqui é um pouco diferente. Ah! E o interessante é que se você deixa fora de casa uma noite, ele não infla como os outros, mas sim, condensa. Interessante, né?

A pintura da fachada diz tudo!

Passei em frente e fotografei, depois entrei pra ver o que era e não vou contar pra ninguém, o texto acima é só pra confundir, só eu sei... ... SÓ EU SEI!!!!!

HAHAHA NÃO ADIANTA, HE-MAN!!!

Essa fala é do Esqueleto do desenho do He-man a que tanto assisti na minha infância, ele era o personagem mais legal, mas sempre tinha o xarope do herói pra ganhar no fim... Paciência!

Mas não é só desgraça e He-man, não!

Passei por um jardim de florezinhas bonitinhas! Levaria todas elas para minha namorada (isso é uma declaração!), mas elas secariam na droga do avião da South African Airways!

São tantas...

Vou exercitar mais minhas declarações! Ainda tá ruim, né?

Passei também por uma praça e lá tem uma escultura em homenagem a OMM (Organização da Mulher Moçambicana), com essa placa no centro:

No entanto, a organização não devia justamente libertar as mulheres dessa tradição?

Na placa você vê duas mulheres, uma com uma marreta, que aqui usam pra quebrar pedra, e outra com uma enxada, que aqui tem um desenho diferente (o da direita), a enxada tem um calcanhar. Mas a mulher aqui já trabalha pacas, elas deveriam deixar de fazer isso e ir estudar ou fazer o que estivessem afins. A estrela dispensa explicações! Vem do socialismo, Che Guevara, essas influências do mal!! NÃO ADIANTA, HE-MAN!!! THUNDERCATS HOOOOOOO!

Viajei fortão agora, hein?

Bom, mas o Che é muito lembrado aqui, tem até a imagem dele nos tênis All Star.

All Guevara, o preferido de nove entre dez estudantes de Sociais da FFLCH. Só nove usam o All Guevara porque sempre tem um filhinho de papai que é PSDB e usa Nike!

Fico imaginando as propagandas possíveis para esse tênis, ele poderia ter um slogan do tipo:

"Faça a Revolução, mas faça com estilo... ...*All Guevara, hay que endurecer pero sin perder las tendências fashion rocker jamás!*"

Ou então:

"A revolução começa pelos pés!" Ui...

Tá na cara que é falsificado, mas o Che deve estar todo pimpão porque tem um All Star com sua foto... deve estar não!

Voltando ao totem da OMM, achei ele com um formato meio fálico demais para uma organização feminista-socialista:

OMM

Continuando com as placas em Maputo me deparei com esse salão aqui:

Queria muito conhecer o cara que pintou essa placa, ele deve ter quadros interessantíssimos!

Não deu muita vontade de entrar e cortar o cabelo, não! Se bem que o resultado poderia surpreender!

Mas em compensação a placa do restaurante Mapiko é um achado:

Não comi no Mapiko, mas recomendo!
É um cachorro? É um dinossauro? É o Gorpo? (hoje ressuscitei o He-man!)
Me diz aí que diabos é esse desenho?
Por fim a árvore-monstro. Vocês conseguem ver a cabeça de um monstro?!
Ele tá com a boca aberta, meio Pac Man!
Amanhã tem trabalho pacas e adivinha o que tem de almoço?
Rango de frango pela milésima vez!

Tudo isso ao som de Dead Kennedys (disco antigão!)

E ASSIM...

16 DE DEZEMBRO DE 2009, 17:58

Pois bem meus camaradas, meus comparsas, aqui o trabalho praticamente acabou, falta só um relatóriozinho que já tá quase pronto. Então me mando dessa terra moçambicana (graças a Jah porque meu saquito já encheu!) e vou África afora!

Vou passear um pouco. A ideia é chegar em Johanesburgo e pegar um avião no mesmo dia para Dar Es Salaam, que é a capital da Tanzânia. Depois, pegar um trem pro Serengueti ver uns bichos, passar o Natal lá e na sequência pegar um avião pra Zanzibar, pra passar o Ano-novo no Oceano Índico.

Vamos ver se tudo isso vai dar certo!

Falous

Ao som de Guy Klucevsek – *Stolen Memories*

RICKY MARTIN

19 DE DEZEMBRO DE 2009, 14:23

UÊPAAA! *Un, dos, tres...* Assim dizia Ricky Martin, grande ex-Menudo, ator, cantor, dançarino, coreógrafo e latino nas horas vagas!

Aqui anda quente e tentei despachar a bicicleta para Johanesburgo hoje no aeroporto, mas nem deu!

Primeiro que cheguei lá e tinha umas três caixas de carne, veja bem, caixas aqui não quer dizer nada refrigerado, são caixas de papelão com carne ensacada dentro, tudo ao natural, na temperatura ambiente, só que elas chegaram no dia anterior e ninguém veio buscar, então tava tudo lá podrão, com mosca verde pra tudo quanto é lado e uma poça de sangue gigante no chão.Todo mundo saltitando igual balé pra não pisar na água que fedia pacas, e eu lá com a bike empacotada pensando:

– Se a caixa da bike encostar nessa água vai feder pro resto da vida!

Mas fiz uma curvinha e passei pelo perigo maior, a poça de sangue e água, desconsiderei psicologicamente as moscas verdes e o fedor já tava normal no nariz. Deu aquela amortecida, sabe? Fui setor de cargas adentro, mas descobri que pra despachar ia sair mais caro que a própria bicicleta. Então, ela vai ficar.

Coisas da vida! Às vezes precisamos nos despedir dos entes queridos!

Na saída um sujeito grandalhão com biotipo de sul-africano vira pra mim e diz em português lusitano:

– Você tem um blog!!! "Boiando em Moçambique"!?

– Sim, como você sabe? *(é óbvio que é por causa da internet!!)*

– Ah, eu leio... Reconheci você. Eu gosto de ler ele!!

Agradeci e nos cumprimentamos.

Saí felizão, mesmo sem poder levar a bike pro Brasil!

Daí fui pra casa e dei a bicicleta de presente pro guarda gente fina que cuida de nossa morada. Ele recebeu o presente com um brilho nos olhos que foi bonito de ver, parecia que tinha dado um milhão de dólares para ele, ficou repetindo o tempo todo:

– Obrigado, patrão! Muito obrigado, patrão! *(eles chamam normalmente os outros de patrão, mesmo que você não tenha uma relação de trabalho)*

Foi legal dar a bike para ele, vai ser mais bem utilizada. Vou deixar um monte de coisa aqui, não preciso de tanta coisa assim.

Segunda estarei rumo a Tanzânia, seja o que Jah desejar!

Ao som de Samba Concorrência – *Ao vivo no Berlin Estúdio*

VAMOS LÁ!

19 DE DEZEMBRO DE 2009, 14:23

Faltavam doze horas para eu ir embora de Moçambique, então peguei a caminhonete e fui pro Songo sozinho, nadar um pouco e dar a última volta ali na região. Foi bem legal!

Rodei uns duzentos quilômetros e comi um peixe bom! Quando estava a dez quilômetros de minha casa um comando policial me para na estrada. O policial pede minha carta e mostra um radar do ano de 1750, um aparelho que Cabral usou para medir a velocidade das caravelas, estava nitidamente quebrado e o visor mostrava o fixo número de 68 km/h. O guarda disse que estava acima do limite de velocidade e que deveria pagar uma multa ou teria a carta apreendida. Realmente existe um limite de velocidade ali e eu sempre pilotava meio rápido nas estradas, mas aquele radar não funcionava mais. Argumentei que estava indo embora do país e que precisaria de minha carteira de motorista. Ele pegou um papel e anotou o nome e telefone de um outro policial e me disse:

– Você vai até esse policial e paga MZN 10.000 (dez mil meticais, algo próximo a trezentos dólares). Ele vai me avisar, daí você pega sua carta comigo.

E enfiou minha carteira no bolso da calça. Fiquei ali um bom tempo tentando pegar a carta de volta, mas não rolou.

Liguei pro tal policial e combinei de encontrar ele na ponte do rio Zambeze pra pagar o dinheiro e pegar minha carta de volta. Fui pra casa peguei o dinheiro, no caminho da ponte pensei:

– Quer saber? Dane-se, que fiquem com a carteira!

E não fui ao encontro. Ia embora do país dali algumas horas.

Resultado: não posso guiar e o policial tem uma belíssima carteira de motorista que não vale nada lá!

Normal!

Saí de Mótrambique em dezembro, dia 22 de dezembro de 2009. Estava um calor do cão, uns 48 °C, torrante, torresmo!

Dei uma mofada no aeroporto porque o avião demorou seis horas a mais pra chegar. Um atraso que foi até bom, porque fiquei conversando com um povo legal que lá conheci. Mas o aeroporto *és una mierda!*.

Tranquilo! Daí foi aquele lenga-lenga de ir pra Maputo dormir lá uma noite e depois ir pra Johanesburgo. Larguei a maior parte da bagagem no aeroporto, por sinal é caro pacas deixar bagagem lá! E fui rumo a Dar Es Salaam, capital da Tanzânia, onde ia ficar uns dias.

Consegui chegar a Dar Es Salaam no começo da noite, umas sete, tudo escuro. Lá só se fala a língua local, que é o suaíli, e inglês com sotaque legal!

Calor do cão! Mas um pouco mais úmido porque o Oceano Índico tá ali pertinho. Negociei um táxi até o dito hotel que me disseram ser bom... Tão tá!

Antes de chegar no hotel, no táxi, eu lá do lado do motorista, todo turistão, parado no farol, com a mochila entre as pernas, vem um sujeito não tão bem-intencionado assim e tenta arrancar a mochila de mim, isso cinco minutos depois de eu ter colocado o pé na Tanzânia. O motorista segurou um lado da mochila, eu segurei o outro e o cara lá fora puxando. Um assalto no melhor estilo cabo de guerra. Até que o meliante desistiu! O motorista diz:

- É melhor fechar a janela!

- Ah qué isso, tá uma brisa tão boa aqui!!

Assaltos acontecem, mas até que me saí bem desse, só um susto. Dar Es Salaam à noite para gringo não é tão seguro assim, recomendo certa cautela!

O hotel era uma merda. Quente pacas e tudo torto. Dormi uma noite e não saí de lá até de manhãzinha. Até porque na conversa que tive com a recepcionista perguntei pra que lado era o centro da cidade e ela me respondeu "E o que VOCÊ quer no centro a essa hora da noite? Melhor dormir e sair amanhã!". Dito e feito! Dormi e saí no outro dia.

Dar Es Salaam é árabe, muçulmana, nem parece que você tá na África. Tem mesquita pra tudo quanto é lado e o povo anda com armas pesadas na rua, fuzil e outras mais. Lá tomei garapa, que eles chamam de Sugar Cane Juice, bem gelada, na rua mesmo, voltei umas três vezes na barraquinha pra tomar mais. Mal sabia o garapeiro que no interior de SP garapa é o maior barato e todo mundo transa o suco da cana numa nice! (Esse foi meu momento hippie-paz-e-amor-anos-70.)

Mas bom mesmo é o tapetinho que vendem na frente das mesquitas com uma bússola grudada, assim você, muçulmano, não perde Meca e pode orar trocentas vezes por dia para o Sr. Alá.

Incrívis, como diria o Mussum!

Entrei em umas livrarias que tem edições dos anos 70 como se fossem as mais recentes, é meio parado no tempo. Tem um lado da cidade com coisas mais modernosas, mas esses lugares eu não gosto muito, não.

Fato é que um dia em Dar Es Salaam é o suficiente. Comprei uma passagem de ferryboat e me mandei para a ilha de Zanzibar, cidade de Stone Town. Duas horas de barcão com povo de tudo que é lugar do planeta. Foi bem legal!

A história continua...

Falous

Ao som do ventilador do teto da sala

FROM DAR ES SALAAM TO STONE TOWN

10 DE FEVEREIRO DE 2010, 23:04

Saudações terráqueos!

Levem-me a seu líder!!

Praia, né!?

Peguei o ferry e cheguei em Stone Town no meio da tarde, sempre quente. É estranho porque a ilha de Zanzibar pertence à Tanzânia, e eu já tinha o visto de turista para o país, mas quando você chega em Zanzibar tem que pedir um novo visto. É como se fosse outro país.

O Freddie Mercury nasceu lá, grandiscoisa!

O mercado sempre diz muito do lugar, esse aí fica em Stone Town, Zanzibar

Você percebe que está em um lugar diferente quando no lugar de pombas a cidade tá cheia de corvos e todo mundo anda de lambreta usando capacete de polo inglês. Bem legal!

É tudo árabe, você vai comprar uma bala e tem que ficar dez minutos negociando desconto com o cara senão ele fica bravo porque você não pechinchou. Os americanos não pechincham, mas os comerciantes gostam deles porque pagam preços altíssimos por coisas que eu pagava quase 10% do valor. Mão de vaca que sou, cheguei a negociar uma passagem de *dala-dala*, que é o transporte público local, o cara queria 10 mil shelinghs, negociei e saiu por mil, e ainda fui na janelinha!

A cidade de Stone Town é um labirinto. Só a parte do mercado e do porto que sai para as estradas têm grandes vias por onde os carros podem passar. As ruas têm um metro e meio de largura, e os mano de lambreta andam a milhão por lá. E comem polvo frito na rua, é bom pacas!

A ilha de Zanzibar estava sem energia, tudo movido a gerador, e andar à noite nesse labirinto era bem legal. Só foi difícil achar o hostel depois de umas cinco cervejas. Andei pacas!!

Lá as mulheres andam de burca e boa parte delas tem as mãos tatuadas de henna. Eles gostam de tatuagens, era interessante conversar com eles sobre o assunto porque não tem o preconceito ocidental, é tranquilo, faz parte do dia a dia deles.

Então fiquei lá um dia e comprei de uma agência de turismo (que parecia um boteco com uma família morando no fundo) um pacote para ir ao Serengueti ver uns bichos. Paguei uma grana, mas fui! Fiquei no máximo umas dez horas em Stone Town e me mandei pro Serengueti. Em duas horas estava dentro de

Arquitetura de Zanzibar, meio árabe, meio africana, na verdade eu gostei da escada de madeira do lado de fora da casa

Uma mesquita bonitona que tinha lá em Stone Town

um avião-Kombi que me levou a outro aeroporto onde peguei um aviãozinho--Kinderovo rumo a Arusha... Ah, Arusha!! Cidadezinha desgracenta!

Falous!

Ao som de Queens of the Stone Age

ARUSHA

11 DE FEVEREIRO DE 2010, 19:26

Onde a gente tava mesmo?!

Arusha, né?

Pois bem, meus queridos, desci no aeroporto de Arusha, que parecia o do filme *Casablanca*. Era um galpãozinho com uma construçãozinha aqui e outra ali. O cara que me vendeu o safári na agência que parecia um boteco lá em Stone Town disse que o Sr. Vitor ia me buscar no aeroporto. Só que o espertão esqueceu de avisar para o tal do Vitor que meu voo tinha escala, então demorava mais que o normal. Quando saí do cercado que era o aeroporto não tinha ninguém lá. Quer dizer, tinha um monte de gente, mas o Vitor não!

Esperei um tanto e quando foi ficando mais ralinho de gente perguntei se a cidade era perto. O cara do táxi me disse que uns quinze quilômetros. Eu tinha o cartão do tal Vitor, mas não tinha telefone pra ligar, daí o cara muito cordialmente ligou pro tal Vitor, que disse gentilmente pra eu pegar um táxi e ir ao Blue Rock Bulding Center, que ele não ia lá me buscar porque ele foi antes, esperou e meu avião não chegou. Nem comecei a dizer que o avião tinha escala e tals, já estava enrolado demais para arranjar mais problemas.

Bom, fui ao tal Blue Rock, que era um predinho de três andares, e o Vitor era um cara sério. Muito sério! Misterioso, eu diria. Dava um certo receio de discordar dele, sabe? E ele me disse:

– Você vai aqui com o Sr. Sgrunf (não lembro o nome) e ele vai te levar ao carro que te deixará no *campsite*. Fica a duas horas daqui e amanhã você vai fazer dois dias de safári!

Respondi:

– Sim senhor, senhor!!! – Bati continência fui embora com o Sr. Sgrunf.

Tudo isso em um inglês ruim de entender devido ao sotaque.

O Sgrunf me levou prum terminal de carros e ônibus populares que era uma zona, mas uma zona de verdade. Um tipo de mercado a céu aberto com carro e ônibus pra tudo quanto é lado. Colocou-me dentro de um carro com mais oito pessoas, deu um envelope com parte do dinheiro que tinha dado a eles, e um papel escrito onde deveria descer, e me disse:

– Esse carro vai até a entrada do *campsite*. Você entrega esse envelope com dinheiro para meu irmão. Vou avisar o motorista, que não fala seu idioma, onde você vai descer. Bom safári!

– ... ééééé... Mas, como sei a hora de descer do carro?

– O motorista te avisa!

Só que na África o carro não tem hora certa pra sair, ele só sai quando tá cheio e ainda tinha uma vaga, cabiam nove pessoas no carro e só tinha oito. Demorou pacas, até que a mulher no fundo do carro se encheu de ficar lá apertada e foi embora com os dois filhos. Todo mundo foi atrás dela, só fiquei eu lá paradão na janelinha, como sempre!

Daí perguntei para um cidadão o que tinha acontecido, ele me disse:

– Esse carro não vai mais sair hoje, ele está vazio, você tem que procurar outro!

– Como assim? Cadê o motorista!?!

– É ele aqui!

Fui falar com o motorista, mas ele não falava inglês, e o cara que me deu informação descobriu que eu era do Brasil e ficava dizendo que era do Iêmen e adorava futebol e Ronaldo e Kaká e Pelé e tals... Eu fiquei de saco cheio dele e mandei ele voltar pro Iêmen que eu tinha que resolver meus pobrema!!

Daí eu estava no meio de uma puta zona, com um envelope com parte do meu dinheiro na mão e um papel onde tinha que descer, cujo nome era impronunciável, ao lado de um carro que não ia mais sair de lá!

Vi um cara meio sério e pedi ajuda a ele, por coincidência, ele ia um pouco além de onde tinha que descer e fui no carro que ele ia. Apertado pacas, mas fui! Esses carros são minivans, ou minijipes, e andam entulhados de gente!

O motorista do carro novo era um sujeito sagaz!

Veloz!

Destemido!

Foi anoitecendo e ele não ligou o farol, ligou a seta! Só ligava o farol quando vinha um carro na contramão!

Foi tranquilo! Só deu um medo desgraçado!

Duas horas depois, com pontualidade e segurança britânicas, ele para em um vilarejo e fala:

– Yambe na yambe tinipereka kutenda kuna imwe mbuya mpfundzisi, ntsogoleri!!

Apontando pra mim. Era ali! Uma puta escuridão e uma porteira na minha frente, pensei que era melhor descer ali do que ficar no carro. Aí, do nada, sai um cidadão e diz:

- Mister Rafael!!! I waiting for you!

Quase o abracei e comecei a chorar de emoção! O *campsite* era ali! Tudo parece que vai dar errado, e tem o fator desconhecido que deixa você com desconfiança, mas deu tudo certo.

Entrei e jantei com meu grupo uma comida boa. Tinha um cara da Noruega vestido de massai, uma mulher da Eritreia e duas espanholas.

Ao som de Gotan Project

ANIMAL

23 DE FEVEREIRO DE 2010, 19:57

Minha gente!

Nada como lembrar dos bons tempos do finado Collor, aquilo sim que era política econômica! A Zélia, o confisco da poupança, o Lada Niva, o dólar pau a pau com o dinheirinho brasuca!!

Odeio a palavra brasuca, acho feia pacas!

Acordei no *campsite* do lugar com nome impossível de pronunciar lá pelas cinco da manhã, tomei um cafezão e saí pra ficar andando de jipe por estradas de terra.

Pensei que, se safári fosse aquilo, podia fazer no interior de SP mesmo, no oeste paulista... Mas, ledo engano deste que vos escreve. Passada a primeira hora de chacoalho, chegamos à reserva de Ngorongoro, bonito pacas! Babuínos, zebras, gnus, javalis, rinocerontes, leões, guepardos, elefantes, flamingos, uns lobinhos que não lembro o nome etc. E foi assim o dia todo. Você não desce do carro em momento algum, só pra fazer um xixizinho e olhe lá!

Encontramos uma girafa morta por leões e tirei uma foto! Eu tenho mania de colecionar fotos de bicho morto, como viajo de bicicleta, sempre encontro um cadáver na beira da estrada. Tenho fotos de gato morto na França, coelho morto na Argentina, filhotes de cachorrinhos numa praia do Chile, girafa na África e um monte de outros bichos no Brasil. Meio *freak* isso, né?! Mas cada um com suas manias, ué!

Mas estava falando de bichos vivos, que é muuuuito mais de legal de se ver. E vê-los todos soltos no seu habitat é bonito pacas, vale a pena!

No segundo dia fomos a Tarengire, teve girafas e mais um monte de bichos! Depois de dois dias andando de carro pelos parques, voltei a Arusha e me despedi de meus amigos de safári! A experiência do safári é muito boa, emocionante, eu diria! Acho que todo mundo devia viver isso um dia!

Voltei do *campsite* para Arusha num carro melhorzinho e dormi num hotel meia-boca, mas comi bem e tomei umas 29 cervejas. Dormi como um nenê!

Voltei pra Stone Town naquela porcaria de hostel dos rastafáris, onde tinha ficado no primeiro dia que lá cheguei. Mas eles queriam cobrar mais caro porque só tinha cama de casal. Um calor do cão e a cidade sem energia, tudo com gerador. Decidi ir embora dali, resolvi que iria mais cedo para Kendwa Rocks, onde tinha reserva em um *lodge* para passar o Ano-novo.

Não sem antes entrar em uma discussão com os rastafáris sobre o preço da diária. Eles queriam cobrar mais caro, já tinha ficado ali no mesmo quarto e custava quinze dólares, dessa vez eles queria cobrar trinta dólares. Entramos em um interessante debate não muito gentil, até que o rasta-mór disse:

– Você não vai sair daqui pagando quinze dólares, você tem que pagar trinta dólares!!!

– Mas o quarto custa quinze!

– Trinta dólares... Paga!!!

Ficamos uns cinquenta segundos em silêncio, e isso quando você discute com alguém é muito tempo, parece que passou uma hora. Até que quando eu ia começar a argumentar de novo, chegou o mecânico do gerador do hotel, que estava quebrado. Virei pra ele e disse para ir ver o problema do gerador, que ia esperar ele na portaria e resolveríamos aquilo tudo com calma dali uns vinte minutos. O rasta-mór foi lá pra dentro resolver a parada do gerador quebrado. Não sem antes dizer pra eu esperar que ele ia voltar.

Ah, eu não via a hora de ele voltar, tava com saudade já!!

E eu sozinho na portaria do hotel esperando por ele pra continuarmos a nossa agradável e amigável discussão, quando, de repente, não mais que de repente, passa na frente do hostel o rasta-mirim, um rastinha, um rastafarizinho que mandava merda nenhuma ali dentro, mas que me atendeu da primeira vez em que lá estive, chamei ele e disse:

– Entrega esses quinze dólares pro teu chefe, diz que foi o cara tatuado de camisa vermelha que deu!!

E saí, quando estava com o pé na rua, ele coloca a cabeça pra fora do hotel e grita:

– Hey, você não tem trocado?

Voltei lá, contei os troquinho e dei treze dólares mais umas moedas em shilings, agradeci, ele ficou contente também e me mandei do lugar.

Fui até o mercado da cidade, uma zona de lugar, peguei um *dala-dala* (transporte popular local) e me mandei pro norte da ilha.

A passagem pro norte da ilha foi outra saga, a primeira oferta custava 50 mil shelings, no fim fui por 1.500. Lá se você não barganhar paga muito mais do que as coisas valem!

Bom, paguei minha conta no hotel, com desconto, o que eu acho justo porque com desconto você cativa o cliente e ele sempre volta!

Não vai ser meu caso!

Mas me livrei de ver qual técnica de soco e chute os rastafáris praticam em Zanzibar!!

Prefiro tomar cerveja na beira da praia, e foi isso que eu fui fazer!

A girafa morta. Pedi pra descer do carro e ver de perto, mas não rolou. Acho que foi melhor assim!

Eu tenho fotos dele de frente, mas achei a bunda mais sexy!
Elefante no parque de Tarengire, Tanzânia

KENDWA ROCKS

25 DE FEVEREIRO DE 2010, 14:32

No caminho para Kendwa, quarenta minutos sacolejando no *dala-dala*, que é um caminhãozinho com uma capota na carroceria e todo mundo vai entrando ali, e tá apertado já, mas entra mais gente mesmo assim! E as mercadorias e bagagens vão no teto, quando você acha que não cabe mais ninguém, entra uma família com nenê e sacolas e tudo mais. Foi legal! Sendo o único não tanzaniano ali, consegui conversar com meus companheiros de aperto sobre vários assuntos. Uma boa forma de se integrar e interagir é tomar um busão lotado, todo mundo fica na mesma e acaba acontecendo um reconhecimento de pertencimento ao local. Menos em São Paulo que busão lotado é sinônimo de cara feia e olhar fixo no vazio!

O caminho era muito bonito, mas só dava pra ver de relance porque o motorista era veloz. Umas paisagens de praia e corvos, e os policiais mandando todo mundo descer pra mandar todo mundo subir sem nem revistar nada. Interessante!

Chegou um ponto no meio da estrada onde vi uma placa escrito Kendwa. Era ali, desci no meio do nada e fui andando por uma estrada de terra, sozinho, num sol de quarenta e tantos graus pra chegar num lugar que não sabia onde era. Tranquilo!

Acaba que vejo a praia e um belo de um *lodge*, confortável pacas, boa comida, cerveja gelada, cheio de turista europeu deslumbrado e os massais andando de um lado pro outro tentando te vender alguma coisa.

Encontrei meus amigos de safári de novo, as espanholas chatinhas e o casal da mina da Eritreia (Sara) com o cara da Noruega (Thomas).

Foram dias preguiçosos na praia, comendo peixe-espada, tomando cerveja Serengueti e Tusker, dormindo bem, o Oceano Índico azul-turquesa... Meio paraíso o lugar! Conheci um povo inglês também, gente fina!

Na passagem teve festona, muita gente, música eletrônica e rango bom!

Depois da meia-noite, me encontrei com Sara e Thomas e ficamos conversando. Algum cretino soltou uma granada de efeito moral perto da pista, foi um grande susto e uma correria danada, olhos e nariz ardendo pacas. O casal da Eritreia era de militares e me ajudaram nessa hora, depois vi eles ajudando outras pessoas. Os caras eram meio MacGyver, saca?

Mas no fim foi tudo bem e muito divertido.

Passado o Ano-novo, dia primeiro de janeiro comecei a voltar pro Brasil, só fui chegar aqui uns três dias depois.

Foram longos dias de barco, carro, ônibus, três aviões, uma espera gigante em Johanesburgo e uma sensação de que deveria começar a planejar outra viagem dessa o quanto antes.

FALOUS

02 DE MARÇO DE 2010, 20:41

Muita gente pergunta o que eu fui fazer e o que eu tô fazendo!

Eu fui pra África trabalhar com educação! Não digo o nome da empresa porque não vejo necessidade, até mesmo porque assinei um termo de sigilo e nem sei que bode isso tudo pode dar!

Grupo de massais

Faço mestrado em epistemologia, ou, filosofia da ciência na área de energia em São Paulo. No estado de São Paulo! Capitche?

E daqui uns dois meses vou me picar daqui e sei lá pra onde vou! Sei só que não tô afins de ficar aqui na Capetal, a terra do capeta como disse já tantas vezes!

Bota fé que estava num boteco mês passado tomando umas biritas quando um cara olha pra mim e fala:

- Você estava em um avião indo pra Tanzânia em dezembro?

- Sim, por quê?

- Porque eu estava lá e me lembro de você!

Ah! Essa vida de popstar me cansa a beleza! Mas como sou muito belo, isso não me cansa!

Como Nietzsche, que é uma porcaria, e achava que escrevia textos belos com aqueles aforismas chinfrins!!

Mas encontrar o cara aqui foi legal, ele era gente fina!

Tem várias outras passagens africanas que seria interessante narrar, mas não acho que tem mais muito sentido. O que ficou lá ficou... E é só um pouco mais de coisa de viagem!

Até porque contar tudo às vezes é chato pacas!

Agora já defendi o mestrado, sou Mestre e tô correndo atrás de um doutorado e de algum jeito de me mandar daqui pra algum outro lugar!

Será que o Leste Europeu é legal?

Falous

Rafa

AGRADECIMENTOS

Nunca curti muito essa coisa de agradecimentos e ficar fazendo lista de pessoas que te deram uma força em algum projeto ou algo que o valha!

Mentira!! Na verdade, sempre tem um povo que merece um abraço forte e que sem eles tudo ia ser mais complicado. Entonces deixo aqui um abraço gigante para Seo Moralez e Dona Anna, sem eles eu não existiria, pois são meus pais. Meus irmãos Olivia, Zeko, Julio, Rodrigo e a Patzand por ser a arquiteta-gracinha que é. Aos meus amigos que botaram um pilha para eu fazer o blog que são o Geraldo Martins, Mateus Potumati e Patzand de novo, também ao Bruka e a Bia por escreverem um relato tão bonito como fizeram e por serem pessoas queridas. Ao pessoal da Balão que botaram fé no livro e o fizeram de fato que são a Natália, Flávia e Guilherme. Aos meus amigos queridos Conrado, Tina e Juan. Quero agradecer também a Sofia e a minha barriga que não para de crescer!

Mas o maior agradecimento eu deixo a Moçambique, que, sem ser piegas, me mostrou como as coisas podem ser mais simples e mais complexas também. Eu voltei pro Brasil, pra São Paulo e às vezes me pego esperando o semáforo e pensando nos embondeiros, em coisas daquela terra quente e tão interessante... ...bonito pacas!

— Rafa —

Este livro foi composto nas
fontes ITC Legacy Sans e Code e
impresso em papel offset $90g/m^2$,
na LIS Gráfica em Março de 2011.